あなたの牛を追いなさい

枡野俊明
松重豊

毎日新聞出版

あなたの牛を追いなさい

はじめに

俳優をやっております松重豊《まつしげゆたか》と申します。

このたび、私、60歳になりました。押しも押されもせぬ還暦です。

同窓会に行くガラではありませんが、風にのって「あいつが役職定年で」とか、「離職して農業をやっている」とか、いろいろと聞こえてきます。そんな歳になりました。

幸いなことに役者には定年はないので、世間の60歳のことは分からないでしょう、なんて言われます。そんなことはありません。役者というのは、やれと言われれば、猫にだってなれるのですから、いくらでも想像することはできます。それで失敗したら笑われればいいし、もし笑われてもこの歳だったら今さら恥ずかしくもない。ええ、妄想は子どもの頃からの僕の数少ない特技です。

そんな僕も、ようやく役者としてなんとか食べていけるようになった40歳頃、少々、道に迷ったことがありました。その時に道しるべになったのが、禅でした。といっても坐禅《ざぜん》の真似ごとをしたり、『般若心経《はんにゃしんぎょう》』を読んでみたり、そんな程度です。それでも、僕の迷い道を照らすには十分な光となりました。そして同じ頃に出会ったのがこの本のテーマとなっている「十牛図《じゅうぎゅうず》」でした。詳しくは本編をご覧いただきたいのですが、「十牛図」とは、牛を探す童子《どうじ》を描いた10枚の絵。ただそれだけです。聞くところによると、ここには悟りに至る段階が示されているという。百八つではきかないほどの煩悩《ぼんのう》にまみれた僕は、それを知りたい、と思いました。けれどもこれがシンプルすぎるゆえに難しい。

そこで教えを請うたのが、枡野俊明《ますのしゅんみょう》さんでした。枡野さんとは、『ひととき』という旅雑誌で対談をさせていただいたことがあります。そのご縁をたぐり寄せ、牛を探す旅の道案内をお願いしましたら、快諾してくださいました。ほんとうにありがたいことです。

いつまでも続く疫病、海の向こうから聞こえてくる戦争の報《しら》せ。そんな日々のなかで、枡野さんと過ごした対話の日々は、60になるおっさんに、これからの道を夢想させてくださる、かけがえのない時間になりました。

禅には、老若男女、どなたの人生にも活かせるヒントが詰まっています。難しいと思われがちですが、実は日々の暮らしのなかで実践できる行《ぎょう》がたくさんあります。こうした禅の考え方を、枡野さんの導きで皆さんとともに一つひとつひもといていければと思います。
この歳になると、皆さんのお役に立てることが何よりもうれしいのです。
どうぞ、還暦祝いだと思って、僕の修行にしばしお付き合いいただければ幸いです。

松重　豊

目次

2章 牛探しの旅に出発 「十牛図」一〜三

3章 暴れる牛と私の行方 「十牛図」四〜七

4章 道草を食いながら――人生相談

デザイン・イラスト
重実生哉
編集協力・構成
橋本裕子
写真
中田昭、髙橋勝視、毎日新聞社
写真協力
『ひととき』（ウェッジ）２０２２年1月号
増井芳江（スタイリング）
林裕子（ヘアメイク）
suzuki takayuki（ジャケット、ベスト、パンツ）
武田メガネ（眼鏡）

序章
縁あって牛を探しに

縁は異なもの〝禅〟なもの

二人のご縁

枡野俊明（以下枡野）　松重さんとは不思議なご縁がありますね。多摩美術大学にお嬢様が通われていた際、私がお教えしていました。そのつながりで、うちのお寺の花まつりで2年続けて太鼓を叩いて、踊りも舞ってくださいました。しかもそのお嬢様は私の姪《めい》っ子の中学、高校の一年先輩。加えてバレー部でご一緒していたというじゃありませんか。

松重豊（以下松重）　ご縁というのは本当に面白いものですね。「これはご縁だな」とビビッときたら、ちゃんとつかまえて離さないようにしなくてはと思うようになりました。しかも、枡野先生の姪っ子さんと娘が同じ学校でクラブも一緒だったと僕が知ったのは、旅雑誌で対談をさせていただいた前日のことでした。

枡野　そうそう。その旅雑誌で松重さんたちが京都の西芳寺《さいほうじ》を訪れる2日前に、私も西芳寺にうかがっているというニアミスもありましたね。

松重　僕もまた西芳寺は訪れたいと思っています。一度知り合いを連れて坐禅にいらっしゃいませんかとお誘いを受けているので、タイミングを見て、ぜひにと思っています。僕はもう、ご縁と直感で生きているようなものです。

枡野 ご縁ということでお話ししますと、仏教では「因縁《いんねん》」という言葉を大事にします。今ではあまりいい意味に使われていませんが、「因」は原因のことです。

たとえば、梅の木が2本あったとします。1本の木は、春風が吹いたら花を咲かせようと寒い時期からずっと準備をしている。けれどももう1本の梅の木は、風が吹いてから準備を始めようとしている。ずっと寒い日が続いていたある日、突然暖かい南風が吹き始める。前もって準備をしていた梅の木は、風を受けてぽんと花を咲かせることができました。ところが、翌日からまた寒い日に逆戻りしてしまった。すると風を受けてから初めて準備を始めた梅は、咲くことができなくなってしまった。しかし、一度咲いた梅のほうは、咲き続けられるんですね。その梅が咲くことができたのは、咲くための準備、つまり〝原因〟をきちんとつくっていたからです。

そして因縁の「縁」というのは、現代風に言うと「チャンス」です。チャンスは平等にやってきます。2本の梅の木に平等に南風が吹いたように、あるいは月明かりがどの家からでも美しく見えるように。住んでいる場所や貧富の差、名誉のありなしに一切かかわらず、平等にやってきます。準備をして「原因」をつくっている人は、そのチャンスをベストなタイミングで受け取って、花を咲かせられます。そして花が咲いたら、そこに蝶々がやってきて、受粉をして、実を結ぶことができる。しかし、花を咲かせられなかったら、そこで終わってしまう。それは、せっかく命をあずかったのに、実にもったいないことだと思いませんか？

「ご縁と直感で生きている」とおっしゃる松重さんはきっと、原因、つまり「因」を日頃からきちんとつくられているのだと思います。

松重 そうだといいのですが。僕らの仕事は、結果が出ないとそこで終わってしまう、勝ち抜き戦が永遠に続いているようなものなので、自分の精神状態やスキルを、どんなオーダーにも対応できるように保っておきたいとは思っています。

僕が以前演じたNHKの朝の連続テレビ小説『カムカムエヴリバディ』の伴虚無蔵《ばんきょむぞう》という大部屋の時代劇俳優のセリフに、「日々鍛錬し、いつ来るとも分からぬ機会に備えよ」というのがありました。まさに、それですね。でも僕がそのとおりにできているかというと、どうだろう。僕が禅の考え方に魅力を感じているからかもしれませんが、その因をつくる準備は日々の修行のようなものではないかと思っています。けれども修行といっても、僕の場合、大げさなものではなくて、毎日の掃除とか、そういったレベルですけれど。

40代で出会った「十牛図」

枡野　掃除は皆さんが日常のなかでできる素晴らしい修行なのですよ。それも追々きっとお話ししていくことになると思います。

ともあれ、不思議なご縁に導かれるように、今回は「十牛図」について語り合おうというご提案を松重さんからいただきましたが、また難しいテーマをもってこられましたね（笑）。

松重　実は、僕もこれをご提案していいのか、ちょっと悩んだのですけれど、せっかく枡野先生とお話しができる機会なので、ぜひ教えていただきたいと思ったんです。語り合おうなんてとんでもない。全面的に教えていただきたい気持ち満々でここにいます。

枡野　私は「十牛図」を専門に研究してきたわけではありませんが、禅の考え方を織り交ぜながら、お話ししていければいいと思っています。でも、またどうして「十牛図」なんてものをご存じだったのですか？

松重　僕は30代半ばまで俳優の傍らアルバイトをしている生活でした。自分がやりたいと思って、これが正しいと信じて進んだ俳優という職業でしたが、家族を養っていたので、それが経済として成り立っていないという現実をずっと抱えていました。40歳くらいになってテレビにも出始めて、ようやく会社員より少ないくらいのお給料をいただけるようになりました。そうすると今度は、また違った悩みや閉塞《へいそく》感を抱えるようになりました。やはり、このままでいいのかと――。

ちょうどその頃、京都の広隆寺《こうりゅうじ》で弥勒菩薩《みろくぼさつ》様にお会いしたことをきっかけに、『般若心経』を読んだり、坐禅をする参禅会に参加したりし始めました。「十牛図」という絵があると知ったのもその頃のことです。詳しくは枡野先生にこれから解説していただくことになりますが、すごくかいつまんで言えば、「十牛図」とは童子が牛を探して歩いていく道筋を10の行程に分けて描いたものですよね（18〜20ページ参照）。それ以上でもそれ以下でもない。起承転結があるわけではないし、物語としては破綻している感じもする。でもシンプルだからこそなのか、ものすごくイマジネーションをかき立てられました。これは、自分がこれからたどろうとしている道を照らしてくれる「絵」、つまり人生の指針になりうるのではないかという気がしたんです。

枡野　本当の自分の生き方とはどういうものなのか、命というものを授かった我々は、いったいこの生をどう扱って生きていけば社会にお礼ができるだろうか――。これは社会還元という言い方ができるかもしれませんが、そんな生き方をつきつめて考えていくと、「十牛図」のようなものにいき着くのです。

若い時は、多くの人が自分のやりたいことや、目指す方向にがむしゃらに進んでいきます。だからじっくり考える時間や余裕を持てないのは仕方がないことです。やりたいことが自分の周りにあふれていますから。立ち止まる機会をあまり持てません。現代に至っては、そうした現象は年齢問わずあるように感じています。複雑化した世の中で、生きることが昔よりも違う意味で大変だからです。でも禅の修行は、まず「自分とは何者か」をとことん考えさせようとします。

「十牛図」は、「本当の自分って？」「その自分の人生って？」「本当に価値のある生き方って？」と考え始めるきっかけを与えてくれることになるでしょう。ここに描かれていることは、老いも若きも、生きている人たち全員に当てはまると思いますよ。

自分と向き合うタイミング

松重　それに「十牛図」に描かれているものは、善悪の価値観を超えたところにある気がしているんです。それも僕がこの絵に惹《ひ》かれる理由のひとつです。

枡野　そうですね、善悪で判断できることではないと私も思います。現代は、善悪ですべてを分けようとしがちですからね。そしてそれにちょっと疲れてしまっている人も多そうです。

松重　はい、正解を明確に出してくれているのではなく、ものすごく曖昧ではあるのだけれど、非常に示唆に富んでいる気がするんですよね。正解はないのかもしれないけれど、それぞれの絵がどういう意味で、何を語ろうとしているのかはとても知りたいのです。

今は気軽に対面でさまざまな世代や業種の人たちとお話しする機会を持ちにくい世の中です。僕は還暦になりますが、たとえば、これまで僕がたどってきた道、いわゆる自分探しの道程を、少しだけ長く人生の歩を進めてきた年長者として若い人たちに伝えるのもなかなか難しい。だから枡野先生と膝を突き合わせてお話しできる絶好の機会を僕だけで独り占めしてしまったらバチが当たるんじゃないかと思いました。

きっと多くの人が、それぞれ各々のタイミングで自分というものに向き合わなければいけない時がくる。それならば、ぜひ多くの人の生きる指針になりそうな〝予感〟のする「十牛図」をテーマに枡野先生がお話ししてくだされば面白いんじゃないかと思って、ご提案したしだいです。

枡野　そうですね。若い方はもちろんですが、昔は不惑と言われた40歳を迎えても惑いは尽きない。がむしゃらにやってきたけれど、ふと立ち止まった時に、まだあたりが見えていなくて愕然《がくぜん》とするなんて方も多い。そして、松重さんのように還暦を迎えた方だって、これから先の人生、どう生きようかと思い悩んでいる人はたくさんいらっしゃることでしょう。

松重 そう、正直僕自身も60歳になるこのタイミングで、ここから自分の人生に改めてどう向き合っていけばいいか、じっくり考えなくてはいけないと思っています。枡野先生、読者の方々と僕の「牛をめぐる冒険」の道案内を、どうぞよろしくお願いいたします。

十牛図

一　尋牛
（じんぎゅう）
牛はいったい
どこにいるのか。

二　見跡
（けんせき）
道に残された
牛の足跡を見つける。

三
見牛
（けんぎゅう）
木陰に牛のお尻が見える。

四
得牛
（とくぎゅう）
捕まえようとするが、牛が暴れて捕まらない。

五
牧牛
（ぼくぎゅう）
ようやく牛を手なずけて一安心。

六
騎牛帰家
（きぎゅうきか）
牛の背に乗り、童子は家に帰る。

七

忘牛存人

（ぼうぎゅうぞんじん）

家に戻りくつろぐ童子。
牛のことは忘れている。

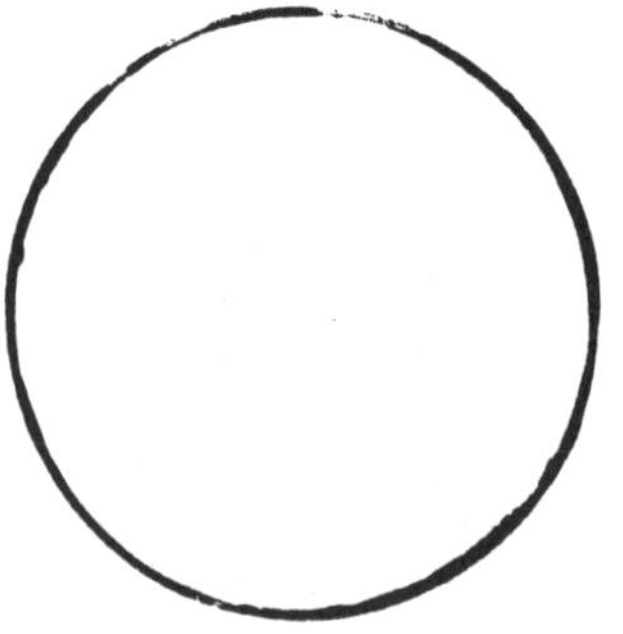

八

人牛俱忘

（じんぎゅうぐぼう）

自分の居るべき場所、
たどり着いたのは無の世界。

九

返本還源

（へんぽんげんげん）

童子の姿も牛の姿も消え、
ただ自然の風景だけが広
がる。

十

入鄽垂手

（にってんすいしゅ）

柔和な布袋和尚の姿に
なった童子が市井に出ていく。

1章

牛を探す、その前に

枡野先生、「十牛図」ってなんですか？

10枚の図は悟りに至る道筋

松重 さっそくですが枡野先生、いったい「十牛図」ってなんなんでしょう？

枡野 その前に、ちょっと禅のことをお話しするためのウォーミングアップをしませんか？「禅とはなんぞや？」という説明になると数百ページの本が出来上がってしまうので、ひと言でごくごく簡単に言うと、禅とは「身体で実践していく哲学」のようなものです。哲学は「学」ですが、禅は身体で実践して証明していくもの。だから「行」。そして「行を修める」から「修行」です。修行を通して、自分で「あぁ、こういうことだったのか」という実感をつかみとっていくのが、禅的な考え方。そしてその指標として「十牛図」があります。

松重 あぁ、だから、掃除も修行。

枡野 そうです。お寺に入らなくても、日常でできる修行はたくさんあります。なかでも掃除は、いちばん身近な修行のひとつ。得られることがたくさんありますが、今は「十牛図」の大まかな説明を先にいたしますね。

松重 はい、お願いします。

枡野 「十牛図」は、（中国の）宋《そう》の時代（北宋、南宋合わせて960～1279年）につくられたと言われている「禅の入門書」のようなものです。10枚の絵に描かれているのは、悟りに至る道筋です。悟りと言うと難しく聞こえるかもしれませんが、そこには我々が歩むべき、人生そのものが描かれているように私は感じています。

松重 「十牛図」は、そもそもどんな人たちに向けて描かれたものなのでしょうか？

枡野 もともとは一般の人々ではなく、禅の修行僧が、今どの段階にいるのかを知るための絵解き図として生まれました。ひとつのパターンだけでなく、何種類も描かれていますし、日本でも鎌倉時代や室町時代にたくさん描かれました。最初の頃は、八までしかなかったようです。

松重 八というと、あの謎の真っ白になってしまうやつですね。

枡野 そのとおりです。さすが、松重さん、よくご存じですね。

松重 いや、「十牛図」が難しくて分からないと思った最初の難関のひとつなものですから。

枡野 のちのち詳しくご説明することになると思いますが、八は「人牛倶忘《じんぎゅうぐぼう》」。「迷いも悟りも超越した時、そこには絶対の真理がある」という段階です。そして絵には、何も描かれていません。真っ白い円が描かれているだけ。迷いもなく悟りに達した段階です。宋の時代の禅僧・廓庵師遠《かくあんしおん》という方は、この悟りに至った段階のあと、九、十とふたつも絵を付け足しています。それが今、日本でもっとも知られている「十牛図」です。悟りに至っても終わりではないということですね。それに続くふたつの絵がなかなか機知に富んでいるので、のちほどのお楽しみにされてください。

今、自分がどのステージにいるか

枡野 禅の修行の段階というのは、先ほども申し上げましたとおり、自分の身体でつかみとっていくしかありません。目に見える形がないのです。ですから、現時点でどこまで到達できているかは、お師匠さんにしか分からない。教えている人が、やっとここまで分かるようになったかな、ここまでたどり着いたかなと、見ていく。そして最後まできたら「それでいいんだよ」と言って、独り立ちさせるわけですね。

でもそれでは、なかなか修行しているほうも不安になるじゃないですか。だから、今、自分がどのステージにいるのかというのを、視覚化して分かるようにした指標が「十牛図」なのです。

松重 なるほど。師匠と弟子という関係がありながら、こういうガイドラインがあるというのは、システムとしてとてもいいですね。うらやましいです。僕くらいの年齢になると、とくに誰かに師事したり、どなたかに、いい、悪いといった判断を委ねたりするのが難しくなります。つねに、自分で基準を決めてやっていかなくてはいけないので……。

枡野 今、松重さんは「自分で基準を決めて」とおっしゃいましたが、その姿勢はとても大切です。今の自分が心のなかで、もうひとりの自分に問うわけですよね。これでいいのか？ と。そうすると、もっと突き抜けたほうがいいんじゃないか？ とか、もっと世の中の道理に合わせていったほうがいいんじゃないか？ とか自分自身との対話が始まりますよね。

松重 はい、自分と向き合わされる毎日です。

枡野 その自分と向き合う際に指標となってくれるのが「十牛図」です。

松重 削《そ》ぎ落とされたシンプルな10枚の絵が、現代の僕らにも通用する指標であるというところに、とても希望を感じます。

枡野 宋の時代に描かれたものが、今でも変わらずに我々が受け止められるということは、そこに真理があるからにほかなりません。「十牛図」を具体的に見ていく前に、少し回り道をお許しいただけますか？

松重 もちろんです。

枡野 先ほど、松重さんが「自分と向き合わされる毎日です」とおっしゃった際の「自分」は誰だと思われますか？

松重 うーん、もうひとりの心のなかにいる自分みたいなものですかねぇ。はっきり言葉にするのは難しいです。

枡野 その自分こそが、禅で言うところの「本来の自己」です。

松重 本来の自己……。

枡野 「本当の自分」と言い換えると分かりやすいかもしれないですね。そして、その本当の自分には、本来は一点の曇《くも》りもない美しい心が備わっています。これは、この地上に生まれた全員がそうなのです。どんな人も、それはそれは美しい珠《たま》のような「本当の自分」で、この世に生まれ落ちてきます。しかし、成長していくに従って、執着《しゅうちゃく》とか煩悩とか、そういうものに包まれてしまって、しだいに本当の自分が見えなくなってしまう。

松重 あぁ、僕の煩悩は百八つどころじゃすまない気がします……。生まれたての魂というか、本来の生身のままの自分が、だんだんそういうものにとらわれていってしまうわけですね。

我欲は余分な体脂肪のようなもの

枡野 ええ、そのとおりです。あれがほしい、これがほしい、ああなりたい、こうなりたい、という欲ばかりが出てくると、それが美しい心を包んでいってしまうわけです。こうした欲を「我欲」と言います。我欲はいわゆる体脂肪みたいなもので、べったりと一点の曇りもない美しい心にくっついていく。そうするとせっかく皆さんがお持ちの美しい心がだんだんと見えなくなってしまうのです。

身体のメタボリック症候群はお医者さんに行って処方箋を書いてもらって、運動するなり治療するなりして改善していきますよね。ですが、心の体脂肪は、自分で気づく以外に落とす方法はありません。自分で気がついて、落として、もともと自分の内にある本来の自分に立ち戻りましょうというのが、禅の世界であり、その体脂肪を落とすための行動が、禅の修行と言えます。心に張りついた余分な体脂肪を少しずつ修行を通して薄くしていく。ゼロにはできないですが、できるだけ薄く、軽やかにしていって、本当の自分を見失わないようにするのです。

信心よりも先に掃除

なぜお寺の空気は凜としている？

松重　先ほど、掃除も日々の大事な修行のひとつというお話が出てきましたが、そのへんをもう少しお話しいただいてもよろしいですか？

　枡野先生のお寺へお邪魔すると、いつも廊下はピカピカ。厠《かわや》をお借りするとそこもピカピカ。ここではふつうの感覚で入ったら絶対ダメだぞ、汚してなるものか！　と身が引き締まるものですから。

枡野　いかに凜とした空気が漂う空間にしておくかということ。それは見えない努力ですが、とても大切なことなんですね。なぜかと言うと、お寺にお越しになる方々は気持ちを解き放そうとしていらっしゃるわけです。さまざまな気持ちを抱えた方々を包み込む清浄な空間が準備できていないといけないと思っています。

松重　なるほど。お寺は、俗世で汚れたメタボの心をきれいにしてくださる装置というわけですか。お寺に身を置くと、心が閉じこもる隙がないんですよ。

枡野 ホッとされますよね。やっぱり解放されますでしょ。

松重 ここ（建功寺《けんこうじ》）でお話を聞くことができるだけでも幸せです。床の輝きを見るだけで、この状態を精神的にキープするといいんだな、と感じます。あの長い廊下を毎日、から拭きして、ピカピカにされているその精神性がすべてに通じるように思うのです。

枡野先生がされているお庭づくりにしても、僕のような芸事にしても、そして社会のなかでさまざまな役割をされている方々にとっても、あのピカピカの廊下を自分の心のなかにつくれるかどうかにかかっている気がします。たかが掃除では片づけられない、とても大きな秘密が隠されているのではないかと。

一掃除二信心

枡野 禅では「一掃除二信心」と言います。ふつうに考えれば、信心が前にきて、掃除があとだろうと思われるでしょ。ですけれども、掃除が「一」なのです。汚れているから雑巾がけをするのではなく、自分の心のチリや垢《あか》をとるために掃除をする。そういう意味なんですね。自分の心を磨いているという気持ちで、雑巾がけをしなさいということです。

松重 家のキッチンのステンレス磨きとトイレ掃除は僕の担当なんです。油汚れとか、女房にいやーな顔をされるくらい磨いてしまいます。知り合いにも仕事でいきづまると、つい輝くものを手当たりしだいに磨いてしまうという人がいました。そうして拭き掃除や雑巾がけに夢中になっていると、どうしてか心にモヤモヤがあっても、考えないでいられます。

枡野 そうしたことは、生活のなかのすべての所作に現れてくるんですよ。禅の修行とはどういうものですか？　と問われるととても難しくて、ひと口ではなかなか言えないのですが、私が一般の方にお話しする時には、とにかく一つひとつのことを、心を込めて丁寧にやってくださいとお伝えします。心を込めるということは、命を込めることです。

禅には「行住坐臥《ぎょうじゅうざが》」という言葉があります。「行」とは歩くこと、「住」とはとどまること、「坐」は座ること、そして「臥」は寝ることです。つまり生きている限り、自分の所作すべてが修行なのだという意味。とにかく何をするにも心を込めて丁寧にやりましょうということになります。何か物を置くのでも、ぽんと無造作に置くのではなく、両手を添えればそこには心がのるものです。丁寧に一瞬一瞬を過ごしていくと、心も落ち着いてきて、乱れなくなります。

ひとつの所作に全命をかける

松重 その感覚、とてもよく分かります。僕は俳優の仕事をしながら、長いことアルバイトをしていました。中華料理屋だったり、建設現場だったり、早朝から築地で働いていたこともあります。アルバイトではありましたが、その仕事のなかで、喜びとか使命感を得ることがたくさんあったんです。皿洗いひとつとってもそうです。きれいに皿を洗って、きれいに並べる。次に使う人にどう渡すかというだけでも、今考えると、俳優として仕事をしていくうえで間違いなく役立っています。

掃除はしたほうがいいとは皆さん頭では分かっていると思いますが、本当にそれだけを集中してやってみると、驚くほどすっきりするものなんですよね。これは実際に手を動かしてみないと得られない感覚だと思います。

枡野 そうですね。禅寺の修行というものは、本当に毎日同じことの繰り返しです。朝早く起きて、坐禅をして、朝のお勤めをして、掃除をして、雑巾がけをして……。その一つひとつの所作、つまり動きに、自分の全命《ぜんいのち》、気持ちを込めるのです。ただ雑巾がけをするのではなく、自分の心を磨くんだという気持ちで磨いていくと、向き合い方が違ってきます。禅寺でも、ホコリが落ちているから拭くのではなくて、自分の心を磨くと思って拭けと教えられます。初めはなんでそんなに掃除が大切なのか分からないのですが、やっているとだんだんと気持ち良くなるのです。

考えるより前に動け

雨よけにザルを渡す⁉

枡野 禅では考えるより前に動けと言われます。なぜ毎日毎日掃除をしなくてはいけないんだ？　その理由はなぜか？　なんて考えてはいけません。考えてしまうと物事に対する判断が出てしまうからです。いいとか悪いとかではなく、それを超えたところでまず身体が何を感じるか。そして身体で感じて初めて、何を会得できるかにつながっていくんです。

松重 現代は、どうしても頭で考えることを優先してしまいがちに思います。

枡野 そうなんですよね。頭が先にいってしまうんです。それは結果や答えを早くほしいから。この本もただ読んで閉じるっていうだけだともったいないことになってしまいますよね。
すぐ動くことに関してのいいお話がありますよ。京都に妙心寺《みょうしんじ》というお寺があります。今のように立派なお堂になる前、あばら屋で雨漏りがひどかった時代のお話です。関山禅師《かんざんぜんじ》という方が、雨がザーッと降ってきたので、弟子たちに雨よけを持ってこいと言いました。すると、みんな桶を探しに、ばーっといなくなってしまった。ところがひとりの和尚《おしょう》は、すぐそこにあったザルを関山さんに渡しました。ザルなんて漏るのが当たり前ですから、きっと怒られるに違いないと思ってほかの弟子たちが見ていたら、関山さんはその和尚を褒めたんです。ザルがダメだったら、また次に動けばいいのだと。桶じゃないといけないと思って頭で考えてぐるぐると探し回って、なかなか帰ってこないほうが良くない。ダメだったら次にいけと。そういう話が伝わっています。

松重 すべてのビジネスにも使えそうな教訓ですね。禅は本当に生きる知恵の宝庫だなぁ。

毎朝30分早く起きてみる

枡野 「禅即行」というくらいで、とにかく動いてみる。ダメだったら、次にいく。そうするうちに違うアイデアも出てくるかもしれません。だから、騙されたと思って皆さんには掃除をしてほしい。

忙しくてそんなことできないよ、と思ったら、まずは、朝30分だけいつもより早く起きてみてはいかがでしょう。30分早く起きただけでも、家事や仕事を始めるまでの時間に余裕が生まれます。そうすると今日やらなくてはいけないことを頭のなかで整理できます。

そしてそのうちの10分を掃除にあててください。あまり無理せず、曜日ごとに掃除する場所を決めてみると続けやすくなるかもしれません。たとえば月曜日は玄関まわり、火曜日は台所、水曜日はトイレとお風呂とか。5日間で結構できるものですよ。そうすると週末がずっと楽になります。10分でも掃除をすれば、先ほどお話ししたように毎朝、心を清めていることになります。気持ちのいい心で一日のスタートを切ることができます。

寝坊してしまって、大変だ！　と走って家を出ると、書類を忘れた！　とまた戻ってきたりしませんか？　そんなふうに一日を始めるよりも、少し余裕を持ってスタートさせられれば、充実した一日を送れます。なんとか寝坊をリカバーしようと焦っていると、会議でしどろもどろになって発言できなかったり、書類をなくしてしまったりと、ついてない一日だったなぁと思って終わることになる。その積み重ねが人生になります。

いかに一日を上手にスタートさせるか、これが人生を変える大きなポイントです。30分早く起きて、たった10分掃除する。これだけのことが実はとても大切。やり始めれば難しいことではありません。ぜひ皆さんに取り入れていただきたいのです。

まずは100日続けてみる

松重 三日坊主になる人も多そうですが……。

枡野 まずは100日続けていただきたい。100日続けると、少し習慣になります。100日続けば、1年は続けられます。そして3年もやっているとしっかりと身について自分のものになります。初めは真似でいいんです。学ぶというのは、「真似ぶ」から来ていますから、とにかく良いと思ったことを真似てみて、100日続けるようにすると、なんとなく体も慣れてきます。3年やって自分のものになれば本物です。真似から始まっても本物になります。

松重 まずは100日というと、少し重い腰も上げる気になりますね。

枡野 ひとつのことをやろうと決めたら、まずは続けてみることですね。ところが今の社会は情報が氾濫していますから、あっちも良さそう、こっちのものも良さそうと、情報に振り回されて、右往左往してしまいます。今やっていることじゃなくて、もっと楽で早く結果が出ることがあるよ、と言われたらすぐにそっちに乗り換えてしまう。そうすると何も身につかない。これは現代人の特徴ですね。継続している人はよそ見しないでまずは続ける。そういう人が事を成していると思います。

松重 現代は、迷っている人だらけの社会。近くの禅寺へ行ったり、禅僧の方のお話をうかがったりできるといいなぁとつくづく思います。でも、それが難しい場合は、掃除を習慣化してみるだけでも、何かが変わり始めるのかもしれませんね。

目の前のことに集中する

「ながら」禁止

枡野 もう少し欲を言えば、朝10分掃除をして、さらに10分坐禅をしていただくとなおいいです。そして残りの10分は新聞を読んだり、好きなことに使っていただいていいのですが、ここで大事なのは、「ながら」をしないことです。

松重 ながらをしないかぁ。現代人にとっては、なかなか難しいかもしれない。ついついスマホを手にとってしまったり、周りに誘惑が多すぎます。

枡野 そうなんですよね。皆さん、お忙しいですから。でも、スマホを見ながら食べたり、テレビを見ながら食べたりはいけません。

松重 今やっている、目の前のことに集中しないといけないということですか？

枡野 そのとおりです。目の前のひとつだけに集中する。「ながら」をすると、心が整わないのです。話がそれるかもしれませんが、ひとつ実験例をお話ししましょう。

松重 はい、お願いします。

枡野 あるお医者さんが、簡単な算数の計算問題を1分間で何問正解できるかの実験をしました。ひとつのクラスは坐禅のようなことをさせてから問題をやらせた。そうするとしなかったクラスよりも、2割も正解率が上がったそうです。複数の学校で実験をしましたが、いずれも心を落ち着けたあとのクラスのほうが正解率が上がっているんですね。心を整えるというのは、要は呼吸を整えること。そうすると能力がより発揮できるというわけです。

別の研究もあります。緊張すると血管が縮んで15パーセントほど血流が減ってしまうと言われています。ところが坐禅をすると心が穏やかになって、血管が緩むそうです。そうすると血流が増える。2割から2割5分くらいよくなるそうですよ。

たとえば野球で同じくらいの実力のピッチャーとバッターがいたとする。呼吸を整えて投げることができるピッチャーと、心臓がバクバクしているバッターだとしたら、対戦する前から勝負は見えているということですね。

このように坐禅の効果は、科学的にも証明されて、理にかなっています。スピーチなどで、大勢の人の前で話をしてほしいと急に頼まれた時などは、ふっと丹田《たんでん》※に1、2回呼吸を落としてみてください。そうすると、上手くしゃべれます。松重さんはきっと、こういうことはご経験上、身体でよく分かっていらっしゃるんじゃないですか?

松重 単純な話ですけれども、最近、髭剃《ひげそ》りを電気カミソリではなくて昔ながらの両刃のカミソリにしました。これはですね、すごく繊細に、気持ちを整えてやらないと血だらけになってしまうんですよ。泡を立てなくてはならないので、時間もかかる。けれどもそのプロセスが気持ちいいなと感じています。

音楽もレコードで聴くと楽しいし、車もマニュアル車が面白い。コーヒーを淹れる時も、自分で豆を挽いてネルドリップで淹れるとか。プロセスをちゃんと自分のなかで組み立てて、それを積み上げていくと、結果、心が落ち着いてくるような気がしています。

枡野 それを続けていると、考える前に自然に手が動くようになりませんか?

松重 ええ、そうなんです。別に頭で考えなくても、自然と身体が動くようになります。

そしてだんだん、そうしないと気持ちが悪くなってくる。今、なんでもかんでもすぐにできてしまうから、すべてが流れていってしまっているようにも思います。辞書でもページを繰って「あかさたな」と見ていく紙のほうが、（電子辞書よりも）情報が心に残る。そういうものに価値を求めたいという意識が最近強くなりましたね。歳をとったせいかもしれませんが。

枡野 簡単に調べられたり、手間をかけずに得られたりした情報は、すぐに忘れてしまいますね。昔みたいに図書館に行ってあの本から次の本を探して、これだと思って解決したものは忘れないものです。パソコンで検索してぱっと出てきた情報は、さっき調べたはずなのに次の瞬間に忘れてしまって、また調べることになる。結果、どっちが早いのか分からないなとも思います。

※丹田…へその下75ミリほどのところ（昔は二寸五分と言いました）

マイナスをプラスに転じる

「面授」の重要性

松重　自分の身体を使って、情報を得るという価値はとても大きいですね。一方で、我々と疫病との闘いもそろそろ3年がたとうとしていて、生活が変わり、身体を使う機会もだいぶ減ってしまいました。

枡野　ええ、なかなか気軽に海外にも出られる状況ではなかったので、私も海外から依頼された庭づくりの指導もオンラインで進めていたりします。

松重　えっ！　オンラインでですか⁉

枡野　それこそ、現場の状況をスマホで撮っていただいて、それを見ながらしゃべるのですが、大変です。ものすごく時間がかかります。もちろん、これも便利になったからできることではありますが。

松重　僕たちも、一時は撮影もストップしてしまい大変な時期がありました。監督が濃厚接触者になってしまったから、俳優の演技を監督が遠隔でモニター越しに見て、演出するなんてこともありました。会議や打ち合わせも（Ｚｏｏｍなどの）オンラインですることも少なくなくて、そうすると「間《ま》」というか、相手との呼吸の合わせ方が難しい。対面だと、ふとした沈黙などから、言外の情報を受け取れて、いろいろなものが浮かび上がってきますよね。けれども、オンラインだと「間」というものが、次の人が発言するためのただの時間のつなぎ目になってしまって……。

僕は、とくに映画でもなんでも、セリフとセリフとの間や行間に、何を感じるかということが大切だと考えているタイプなので、これから先、大丈夫かなぁ、生きていけるかなぁなんて思ったりします。こういう時代なので仕方がないんですけれど。

枡野 禅でも「面授《めんじゅ》」といって、顔と顔を突き合わせて、お互いに話をしていくことが大事だと言っています。今は機械を通しての「面授」になっていますよね。次に発言していいのかどうか考えて、私もオタオタしてしまいますよ（笑）。

松重 直接、こうしてお会いしてお話ししていると、呼吸でいろいろ分かることがあります。盛り上がっていく時はトントントンといくし、ちょっと考えたいと思ったら、ペースが落ちたりします。それにマスクをしていると、お互いの顔からの情報量も半分になってしまう。

枡野 もはや、半分以下ですよね。

松重　そうですよね。本来の「面授」であれば、目、鼻、口など、顔全体、そして表情から受け取る情報すべてに依ることができると思うのですが、現在はそれがとても不自由。でも、長い歴史のなかでは、人類は疫病を何度も乗り越えてきたわけですよね。

くさらず、困難を受け入れる

枡野　100年前のスペイン風邪は3年かかりましたね。平安時代にも疫病が流行り、ものすごい数の方が亡くなりました。それでもそれらを乗り越えて今日があるわけです。スペイン風邪は3年かかりましたけれど、今は医学も技術も発展しているから、1年から長くても2年で終わるかと思っていたら、済まなかった。そこから言えるのは、技術や人間の能力を過信してはいけないということ。受け入れながら、どうしていくかを考えていかなければならないと思います。

松重　受け入れる——。たしかに、今は疫病に縁があると言ったらおかしいですが、この困難に向き合って、それを自分の修行の機会としてとらえてみるといいのかもしれない。そういえば、アルバイトをしていても、オレは本来こういう仕事をするために生きているわけではないと言って斜に構えていた人は、今この世界に残っていないですね。

斜に構えたり、くさったりせずに、受け入れて向き合う。一見、無駄に思える時間も自分を磨くための修行の時間にしていく。口で言うほど簡単なことではないのだけれど……。

枡野　まさにその考え方が禅的思考ですね。禅はマイナスをプラスに転じて考えます。負の条件でもそれがあるからこそ、できるというのが禅の発想です。

たとえば、私がデザインした渋谷のセルリアンタワー東急ホテルの庭（「閑《かん》坐《ざ》庭《てい》」）は、もともと道路と5メートルもの高低差がある位置につくらなければなりませんでした。ですから、その高低差があるからこそできるデザインとは何かと考えました。また、渋谷という土地柄、「禅の庭」をつくっても、どうしても奥のビルが見えてしまうんです。ビルをなくすことはできないですよね。それならば、下半分だけにガラスがはめられた障子、つまり雪見障子のようにしてはどうか？　ということになりました。遮光カーテンを障子の代わりに下ろして、下だけで庭を見せて、上は光だけを取り入れられるようにしたんです。結果、高低差や独特な採光によって、外部空間と内部空間がゆるやかにつながる日本的な空間づくりができました。

松重　僕も最初に緊急事態宣言が発令された２０２０年の4月、5月は撮影もすべてストップしてしまい、何もすることがなくなって見えてくる景色もガラリと変わりました。それで本の執筆に時間を割くことにしました。書くという作業に自分の心を向けることで自分の精神のバランスもとれますし、そんな状況だからこそ見えてきたものがありましたね。僕はその時、たまたま書くことでしたが、この時間をふだんできないことにあてた方も多かったんじゃないかな。

枡野 それでいいと思います。10人いれば10人がそれぞれでいいわけです。重要なのは、自分自身で考える時間を持つことです。その意味では人に会ったり、出かけたりすることが制限されたコロナ禍の状況は、自身の来し方行く末を考えたり、今までの自分の生き方を見直す機会になったとも言えますよね。

松重 ええ、無理にでもプラスに考えないと、もうやりきれないですから。

枡野 さまざまな状況に置かれている方々がいらっしゃるので、あまり無責任なことは言えませんが、コロナ禍があったから、大切なものに気づくことができたというふうに自分を少しでももっていけるといいなと思います。

雨はわずらわしい、ではなく、雨が降ったから今日のアジサイはしっとりと濡れていてきれい。そんなふうに考えられるといいと思うのです。

松重 そうですね。そんなふうに転換できると、コロナ禍が明けた時、これまでとは違った自分に出会えるような気がします。

変わるものと変わらないもの

便利さが人を退化させる⁉

松重 思えば、コロナ禍でもなんとか仕事ができたのは、ネット環境やスマホ、パソコンがあったからということもある。こうした便利な現代的なツールとの付き合い方については、枡野先生はどう考えられていますか？

枡野 便利なことはいいんです。それをすべて否定するわけではありません。情報化の進んだ社会が悪いのではなく、氾濫するそれらの情報に振り回されないで、自分が選び取るという意識を持っておくことが大切だと思います。

松重 自分にとって必要なものとそうでないものをちゃんと見分けるということですね。

枡野 全部ダメです、使用禁止！　なんて言えませんよ。事実、私だって、ネットやスマホのおかげで、こうした世の中でも海外とのやり取りができているわけですからね。

一方で、便利さが人間の能力を失わせることもあるというのは、頭の片隅に置いておいていただきたい。たとえば私たちの世代ですと、携帯電話がなかった時は、たいていよくかける電話番号を20ぐらいは覚えていました。車を運転していても、ひとつ目の路地のあの信号のところにガソリンスタンドがあって、３つ目の信号を左だなとか、だいたい道を覚えて目的地に行っていませんでしたか。今はナビを使っちゃうから、端《はな》から道を覚えない。電話番号だってすぐにスマホが出してくれるから覚えない。そのくらい我々の能力は退化していっています。

松重　確かに頭のなかに電話帳があったし、地図もありました。

枡野　そうなんです。便利な道具は、我々の生活をとても豊かにしてくれました。同時に我々の潜在的に持っていた能力は使わなくてもよくなったので、退化してしまった。そこに自分たちが気づいて、補っていかなければいけないと思うのです。そうしないと、我々の退化はこれから先もどんどん進むでしょう。

松重　世の中が便利になっていくというのは時代の流れで、せき止めることはできないですけれども、枡野先生がおっしゃっているのは、まずそれに気づくことが必要ということですね。

枡野　我々のお寺も、今は掃除機を使いますよ。でも、自分たちで掃除をすることは続けている。手を動かすということが大事という大前提は守り続けています。

松重　なるほど。時代が変化して道具を使ったとしても、根底にある禅の精神性はずっと守り続けているということですね。

枡野 変わるものと、変わらないもの。そのふたつのバランスはつねに考え続けています。そして、時代を経ても変わらないことこそが「真理」と言われるものです。100年前も100年後も変わらないものです。しかしながら、真理というと、ものすご―く遠いところにあって、手が届かないような、そんな気がしてしまいませんか？

松重 たしかに、ちょっと僕ら凡人の手が届きそうもないはるか上のほう、あるいはずっと遠くにあるような気がしてしまいます。

真理は身の周りにあふれている

枡野 こんな昔話があります。ある人が真理の島へ行きたいと尋ねたら、「西へ行け」と言われた。どんどん西に進んで、「そろそろ着きますか？」と再び問えば、いや、まだまだ西だと言われる。そのうちに、結局、ぐるっと一周まわって、もといた場所に戻ってきてしまったと。

松重 落語みたいですね。

枡野 この話のように、真理とはどこか特別なところにあるのではなくて、実は我々の身の周りにあふれているのです。
たとえば、春になると暖かい風が吹く。それを受けて木々は芽をふくらませて花を咲かせる。花が咲くと、別に呼んだわけではないのに、鳥だの蝶々が来て蜜を吸うわけですね。そうすると自然と受粉されて実がなる。これは100年前だろうと100年後だろうと変わらない。これが真理です。
どうですか？　皆さんの身の周りに、真理はあふれているでしょう？

松重　難しく考える必要はないと。

枡野　そうです。そしてこの真理をどうとらえて、自分の拠りどころにして生きていくか。話がぐーんと戻りますが、この拠りどころこそが、本当の自分、美しい心を持った「本来の自己」を見つけるヒントになります。「十牛図」は、そうした真理がぎゅっと凝縮されたものなのです。

松重　そろそろ、牛をめぐる冒険へのウォーミングアップができたでしょうか。次の章から、「十牛図」をテーマにより詳しくうかがっていきたいと思います。

枡野　だいぶ道草を食いながらになりそうですが、それもまた愉快な旅になるでしょう。

2章
牛探しの旅に出発
「十牛図」一〜三

一　尋牛（じんぎゅう）

――「本当の自分」を探す

牛はどこにいるのだろうか。なんとかして牛を捕まえたい。

探している牛が意味しているものは？

見えなくなったのは何？

松重 1枚目の絵は「尋牛」ですね。ひとりの童子が描かれています。物語の幕が切って落とされました。

枡野 はい、牛を探している童子の登場です。彼は、「牛はどこにいるのだろうか。なんとかして牛を捕まえたい」と思ってあたりを見まわしているようです。牛が意味するものはなんだと思いますか？　ウォーミングアップでお話ししてきたことにヒントがありますよ。

松重 見えなくなってしまったもの――。「本当の自分」すなわち「本来の自己」ですか？

枡野 そのとおりです。牛は、本来の自己＝本当の自分です。おさらいしておきますと、本当の自分は、一点の汚れもない美しい心を持った自己でしたね。その本当の自分は、世の中の真理とともに生きている存在です。それをまず探すところから、この物語は始まります。

松重 ということは、牛が見えていない童子は、この段階ですでに心のメタボを患っている。

枡野 たしかにそう言えるかもしれませんね。牛を探して、捕まえたいと思っている。探している牛がどこかにいるということはなんとなく気づいていますが、どこを探していいか分からないし、どこに向かって行けばいいかも分からない。そんな状態です。

松重 手も足も出ない状態ですねぇ。

枡野 そうなんです。だって本来の自分は、自分の内にあるのだから、外を探しても見つかるはずはないのだけれど——と、これを言ってしまうと、これからの冒険の答えを出してしまうことにもなりかねないので、フライングせずにここでは彼の旅を見守ることにいたしましょう。

ところで、松重さんは若い頃から俳優になりたいと思っておられたのですか? というのも、「十牛図」のそれぞれの段階はとくに年齢を規定しているわけではないのですが、この「尋牛」の段階は、10代の頃、すなわち思春期の時期に当てはめると分かりやすいと思っているものですから。

思春期って、この先、自分がどうなっていくんだろうか、夢と不安の両方を抱える時代じゃないですか。

背が高いことへのコンプレックス

松重 僕は小さい頃から背が高くて、それがコンプレックスでした。他人からしてみれば背が高いことはうらやましいと思うかもしれないけれど、それは僕にとってはまったく逆。大きいということに対してものすごく負い目があったんです。体格が大きいと、周りから期待されるのは野球のヒーローみたいな像です。打っても投げてもすごいんだろうと。でも、やってみれば僕は全然ダメ。球技は苦手だし、そうやって周りの人の期待を裏切っていくわけです。人と違うことが、コンプレックスになっていきました。自分の資質をどう利用すればいいのかということが分からず、いわば大きさを持て余していたんです。

枡野 自分とは何者なのかを考え始めるきっかけは、周りの人と自分がどう違うのか、他人との比較から生まれます。自分が何者であるかは、学校では教えてくれないし、親からもその答えは出てこない。そもそも答えがあるのかどうかすら分からない。「尋牛」はまさしく、そうした漠然としたものを探し始める時期と言えるでしょう。

松重 一方で、運動神経もそんなに良くない、背だけ高い僕にとって、人前で劇や何かを演じるのは難しいことではなかったんです。ただ人を見ていて、その人の振りをすると周りは面白いと言ってくれる。幼稚園のお遊戯会とかお楽しみ会で、セリフを忘れちゃった友だちにセリフをこっそり教えたり、挙句の果てには先生の演出にまで口を出したりしていました。

枡野 幼稚園でですか⁉

松重 はい。小学校に入ってからもずっとそうでしたね。先生がお話をこねくり回しているのを見て、全然面白くないじゃん、とか思って、それをそのまま言ってしまう。たちの悪い子どもですよね（笑）。

枡野 それは才能ですよ、生まれ持っての。

松重 まぁ、特技ではあったと思います。「そういう時にだけ輝くな、あいつは」なんて言われていました。だって僕が得意にしていることって、勉強とも運動とも違うから成績表にはのらないわけです。ただの余興の達人。けれども歌舞伎の家系でもないし、親もそういった仕事をしているわけではないから、少し自分は特殊だなとしか思っていませんでした。まさか職業にすることになろうとは、その時はまったく夢にも思いませんでした。福岡の田舎で育ったので、芸能なんて別世界のものでした。

枡野 先生からはうるさいな、口を出すな、なんて言われたことはありませんでしたか？

松重 もちろん、ありました。ルールにのっとってやっているんだから、和を乱すなとか徹底的にやられましたね。それでも「それじゃ面白くないでしょ」なんて反抗して、ずっと立たされたこともありました。子ども心に、面白いことやったほうがみんなも喜んでウケるし、そのほうがいいのになぁと思っていましたね。

運動神経がいい子もいるし、勉強ができる子もいる。コミュニケーション下手だったり、僕みたいに大きさを持て余していたりと、いろんな特質、パターンを持っている子がいるなかで、さて、自分はどうしたものか？　と考えていたのかもしれませんね。それで、人より大きくてちょっと目立つことを武器として使えるかもしれない、そんなことを無意識に模索していたんだと思います。ない知恵を絞って。

枡野　当然10人の人間がいたら、十人十色で、それぞれみんな何か抜きん出たものがあるんですよね。それを自分で見つけて磨きをかけて、それを使って世の中にどう還元していくかを考えていく。

10代の葛藤

松重　10代の頃って、周りの期待に応えたい、けれども応えられない。では何をすれば期待に応えられて、周りに認められるのか。そんな葛藤を抱えてぐるぐるしますよね。

枡野　そして、モヤモヤと自分に何が向いているのだろうかと考えて、おぼろげにこれかな？　と思うものが見えてきた時、あっちの人はあんなことをやっている、こっちの人はこんなことをやっていると、周りが気になり始める。そうすると今度は比較が始まって、さらにどんどん惑わされていく。あっちのほうがカッコいいとか、こっちのほうがお金を稼げるんじゃないかとか。悩みに悩む時期ですね。

松重　僕なんて、いまだに絵が描ける才能があったらよかったとか、楽器が弾ける才能を持っていればよかったとか思っています。演劇って学校の授業で点数をつけられたことがないから、そこに関してのコンプレックスは根強いです。役者は、ただセリフを覚えて言っている、それだけの存在ですから。

でも10代になると、どうやら学校の先生や親が言うこと、成績だけがすべて社会の正解ではないということも少しずつ分かってくるのも事実です。

枡野　そうなんですよ。学校での教育は、どうしても10人全員に当てはめられること、いわゆる「汎用品」になりがちです。ですけれども、各々の個性というのは一人ひとり違います。だから本来必要なのは「オーダーメイド」なんですよね。最近は運動会の徒競走で、みんな一緒に手をつないでゴールして順位をつけない学校があると聞きます。それはひとつの考え方だとは思いますが、たとえば、足の速い子が認められる機会を奪ってしまうことにもつながりかねない。その足の速い子は勉強は苦手かもしれない。逆に徒競走で遅かった子は、勉強では一番かもしれない。

得手、不得手は誰にでもあるものです。お互いがお互いの長所を認めていく社会、お互いの長所がもっと引き上げられていく機会をつくれて初めて、本当の共存だと私は思うのです。みんな同じところに押し込めてしまうのが平等ではない。それは平等という名の不平等なんじゃないかと。

松重 教室に30人も40人も子どもがいたら、全員を丁寧に見ていくのは簡単なことではないですよね。そこからこぼれてしまった子にはどんなケアが必要かを考えていくのは、大人の役目だと思います。

枡野 ええ、個性を見つけ出して引き出すのは、学校の教育だけでなく、私たち全員の役目ですね。

「いいところ」に目をつけ、耳をすます

松重 埋もれてしまって、自分の才能に気づかずに一生を送る人もたくさんいると思うんです。この一の「尋牛」という段階は、少なくともスタート地点に立って、牛＝本当の自分を探しに行こうという動機がすでにありますよね。スタートしよう、自分を探したいと

いう気持ちがすでにある。けれども、一ではなく、ゼロのまま、悶々《もんもん》と過ごしている方々が大人も含めてたくさんいらっしゃるんだろうなと思うのですが、いかがですか？

枡野　そうですね。子どもも大人も含めて、ゼロにとどまっている方は少なくないのかもしれません。その場合、私はまずはその方々のいいところを見つけることから始めます。ご本人が気づいていない場合が多いんですよ。たとえば、とある男性の話ですが、必ず履き物を脱ぐ時に人のぶんまで直す方がおられるんです。気になるのでしょうね、きっと。そこまで気が回るということは、ほかのことにも気が回るはず。そういうところを見て、言葉にして伝えるようにしています。そうすると、ご本人も自分のいいところを意識するようになって、さらに磨きがかかっていくと思うのです。

松重　なるほど。僕はラジオで20代の若いミュージシャンと話すことが多いのですが、そういう時、彼らが歳の離れた音楽のことをあまり知らないかもしれないおじさんに話すことで、彼ら自身の思いの強さが0・5から1くらいになるような気配を感じる時があるんです。

だから、人の話、とくに若い人の話には興味深く耳を傾けたいと思っています。学校の教室で全員の話を深く聞くことは難しいかもしれないけれど、大人の数と子どもの数を比べると、大人のほうが多いはずですよね。人口比にして4倍か5倍はいるはずですから。

ならば、学校の先生だけじゃなく、我々大人が若者の声を聞くのはさほど難しいことではないはず。彼らが自分の思いをなんでもいいから言葉として口に出すことによって、ゼロ地点から一の「尋牛」のスタートラインに立てるのではないかと。

枡野 若い人にとっても大人にとっても、対話は大事ですよね。

松重 若い頃から僕が「この人のこと、好きだなぁ」と思う先輩って、皆さん自分の話をするのではなく、「お前、そんなこと考えているのか。面白いなぁ」と聞いてくれた記憶がすごくあるんです。もう亡くなられてしまった方でも、たくさんいらっしゃいました。たぶん、分からないふりをしてくださっていたところもあったんだと思うし、とても柔軟に若者の意見や考え方を吸収されていたんじゃないかと。

一方で自分の話しかしない人、自分の力を過信して、「自分の力」でしか生きていない人もいました。だから、残念ながら自分の話しかしない大人というのは、いつまでたっても「尋牛」のスタートラインにも立っていないんじゃないのかなぁと思ってしまいます。年下とか年上とか、そういう垣根を取っ払って、話してみるのはとても大切だと実感しています。自分という存在、そう、本当の自分が見えてくる、いいきっかけになるのではないかと。

「自我」と「無我」

仏教における「自我」とは

枡野 自分のことだけしか話さない方は、仏教で言うところの「自我」にからめとられていますね。

松重 老年になっても「自我の目覚め」の時期にいるということですか?

枡野 仏教で言うところの自我とは、「私が、私が」「私だけがこうなればいい」「これが私の表現なんだ!」というように、つねに自分というものが中心にある良くない状態のことを指すんです。

松重 よく人間の発達段階で使われる「自我」とは少しニュアンスが違うんですね。

枡野 はい、もちろん自分というものがなくてはならないのですが、私「だけ」が良くなる、私「だけ」が幸せになるというのはいけません。

その対極にあるのが「無我」です。無我は読んで字のごとし「我(私)が無い」と書きますが、これは、いわゆる自分が無いというのではなく、私はみんなとの関係性のなかで成り立っているんだという考え方です。

松重 とても大事な話のような気がします。

枡野 「私は生きている」というのが自我。「私は生かされている」というのが無我です。先ほど、自分のいいところに磨きをかけていくというお話をしましたが、そのいいところを使って、世の中にどう還元していくか、それを自分がすることによって相手も幸せになって、相手が幸せになっていることを感じてまた自分が幸せになる。それが無我の関係です。

相手も自分も幸せになる

松重 自分本位に、自分だけが気持ち良くなるためだけに何かを実現することではない。

枡野 ところが、自我に目覚めると、やはりどうしても先ほど申し上げたように、心に余分な体脂肪がべったりとついてしまう。美しいはずの心、鏡のように澄んだ心に映し出されるものが曇り出して、きれいに映らなくなってしまうのです。相手も私も幸せになるというふうに、視点を変えると、だいぶ振る舞いも変化するんじゃないかと思います。

仏教では「諸法無我《しょほうむが》」といって、すべてのものはあらゆる関係性のうえに成り立っていると考えます。ひとりで成り立っている人は誰もいません。たとえばコーヒーをいただいたとしても、コーヒー豆を育てる人がいて、収穫する人がいて、焙煎する人がいて、淹れてくださる人がいて、初めて私たちは口にできるわけです。世の中のすべてのものは関係性のなかに存在していて、私たちはその関係性のなかで生かされているのだという意識を持つことがとても大切です。

そしてそれは人に対してだけではありません。学生たちと食事をすると、お腹がいっぱいだからと言って残してしまう人がいる。食べられないならば初めから頼みなさんな、と思います。お金を払うんだからいいじゃないか、という方もおられるかもしれない。しかしそれは違います。その人は、お米の命そのものにはお金を払っていないでしょう。お米を育てた人、調理した人、場所には払っていたとしても、お米の命には一銭も払っていない、いや、払うことができないのです。そういうすべてのものに生かしていただいている、「させていただいている」という気持ちを持つことが肝要です。関係性や背景を見ようとしないと、どうしても自我が暴走してしまいますね。

「不惑」は言葉のあや…!?

松重　自我からの解放。いや、これはなかなか手強そうです。

枡野 ええ、本当に難しい。禅の修行の目的は、これ一点に尽きると言ってもいいくらいです。

松重 この自我から逃れるために、禅では修行をするのですね。

枡野 そして本当の自分、つまり牛を探しに出かける「十牛図」の冒険の旅も同様です。「尋牛」の段階で、自我の悩みと向き合うことを経験しなければ、その後の人生が浅いものになっていくと私は考えています。つまりこの「尋牛」こそが修行の始まりになるというわけです。

松重 小学生ぐらいから誰もが自我が芽生えてきて、そうすると他人と自分が違うところも見えてくる。そして自分とは何者なのか？ という謎にぶつかる。親ともつながっているようで、つながっていないところもあるし、ここから自分がどうなっていくのか――。そんな物語の始まりにワクワクすることもあれば、不安になりもしますね。

枡野 はい、それは10代かもしれないし、もしかしたらお勤めを終えて第二の人生を歩もうとする頃にも感じることかもしれない。もちろん人によっては、突然、50代で目覚めて、「尋牛」のスタートに立つ方もいらっしゃるかもしれませんよね。

松重 ずっと会社のなかで粛々とノルマをこなしてきたけれども、初めて自分のなかの牛という存在に気がついて、今から旅に出ようという60歳もいるかもしれませんよね。僕もそのひとりかもしれない。僕もいまだに、いろいろと悩んでいます。

枡野 その悩んでいるということ自体が生きている証拠なんですよ。悩んでいない人間はいません。悩みがなくなったら涅槃《ねはん》※です。

松重 それは勇気が出る言葉です。「四十にして惑わず」なんて言うけれど、もう、それは言葉のあやと考えます（笑）。

※涅槃……煩悩から解放された、悟りの境地のこと

二　見跡（けんせき）

――ひと筋の光を見つける

牛を探しに出かけた童子が、道に残された牛の足跡を見つける。

牛の足跡とは？

マスコミ志望から演劇の道へ

松重　とうとう童子が、牛を探す旅に出発したようですね。これが2番目の絵。

枡野　旅の始まりです。童子は、どうやら道に残された牛の足跡を見つけたようです。

松重　足跡だけ。牛の姿はまだ見えない。

枡野　でも、足跡を見つけたことで童子は、探し求めている牛が、本当に存在しているのかもしれないと思えるようになったみたいですよ。

ここで足跡が意味するものは、禅で言うところの「先人の足跡」です。祖師たちがどのようにして修行を積んできたのか、その足跡を経典や公案《こうあん》、そして日々の修行のなかに見いだすのが足跡を見つける行為と言えるでしょう。公案とは、禅宗において師が修行僧を悟りに導くために与える問題や課題のことです。まだ修行の本質にはたどり着いてはいないのですが、ほんの少し修行への道筋が見えてきた。そんな段階が二の「見跡」ですね。つまり「本当の自分」とは何か——。霧のなかをさまようようなそんな問いかけに、ぼんやりと明かりが見えてきた。それははっきりとした道筋ではないのですが、自分が歩むべき道はこれではないかと予感する。分かりやすく年齢に置き換えれば、10代の終わりから20歳くらいまでということになるでしょうか。

松重 思い出しますね、自分のその頃のこと。

枡野 松重さんは、どんなふうに過ごされていましたか？

松重 僕は実はマスコミ志望だったんです。新聞社とか、そういう方向に行きたいと思っていて、大学も最初は法学部系を受験しました。けれども一浪しているあいだに、ちょっと考えが変わりました。映画を撮るっていうのも、なんだか面白そうだなぁと思って、演劇専攻がある早稲田大学と明治大学を受けて明治に入ることになりました。けれども、演劇科に入ったはいいものの、映画の撮り方を教えてくれるわけではなくて。僕は演劇というものがどんなものなのかまったく分かっていなかったんです。子どもの頃に自分がやっていた劇とは違うだろう、それはプロがやるもんじゃないだろうと。

枡野 いわゆる本格的な演劇はご覧になったことはなかった？

松重 ええ、そうなんです。大学に入って東京に出てきてからです。同級生に「天井桟敷《さじき》」や「状況劇場」、いわゆるアングラの舞台に連れて行ってもらって、アングラ演劇の洗礼を受けました。客席まで水浸しにして、それを面白がるような世界です。それこそ僕が小学生の頃にやりたいと思って先生に怒られていたようなものを大の大人がやっている。それはそれは衝撃的な出会いでした。

枡野 しかしその話は、面白いですね。今こんなにご活躍されている松重さんが最初は映画を撮りたいと思っていた。裏方志望だったわけですものね。それも最初はマスコミ志望だったと。

松重 そうですね。ここを目指して一直線に来たわけではありません。

自分が面白がれる道を見つける

枡野 まだまだ経験が浅い「見跡」の時期に、自分の方向性を見つけることなんて、なかなかできません。たとえば職業を選択するにしても、自分にはどんな仕事が向いているのかなど、判断をしろと言われても困ってしまうのは当然。あれもやってみたいし、こんな仕事もしてみたい。日々揺れ動く自分の心との闘いです。

松重 僕は俳優が職業になるという発想はまったくありませんでした。誰もが見惚《みと》れるようなルックスではないですしね。仕事にするなら、ディレクションするとか、プロデュースするとか、そういう裏方的なつくり上げる仕事のほうが僕にとっては現実味もあったし、やりたいと思っていましたね。

ただ僕らの世代が生まれたのは高度成長期ど真ん中で、学歴が幅をきかせていた時代でした。勉強をして、いい大学に入って、そして一流企業に入る。そのルートを人生のテーマそのものにする人たちが絶対的に多かった。でもなんとなく、その道は僕にとっては違うなと感じていました。そんななかで、何か面白いものを見つけたいと、僕なりにもがいていたんだと思います。

もちろん演劇の道といっても、狂言や歌舞伎といった伝統芸能はもちろん、新劇やミュージカル、それにアングラや小劇場と、もうすっかり出尽くしてしまっている。でも、今だから言えることですが、そこで自分が面白がれる道を見つける方法論って、どこにでも転がっているんだとも思うのです。自分から隙間を見つけてすーっと入っていけば、天下をとれる可能性だってなくはない。自分の前に困難が立ちはだかっていても、もしかするとすでに誰かがやってしまったもののなかでも、自分にぐーっと引きつけて、自分の色を出して突破することは、どんな時代でもできることなんじゃないかと僕は思うんですよね。

けれども考えてみると、今の若い子たちはもっともっと大変だとは思います。かなり早い時期からキャリア教育が徹底されていて、自分の将来を見据えた決定を迫られているように見えるので。

枡野 そうですね。ひと昔前は家業を継ぐという人生がほとんどでした。農家に生まれた子どもは農業を、家が商売をやっていればそれを継ぐというのが自然でしたよね。選択肢がないということは窮屈で不自由でもありますが、恵まれていたとも言えます。「自分にはどんな仕事が向いているか」と考え込む必要もなく、初めは抵抗を感じていたとしても、それだけをひたすらやるから、結局はプロフェッショナルになっていく。先ほども申しましたが、10年も続けていればその仕事がすっかりと板についてくるわけです。

松重 なるほど。「足跡」をひたすら追っていくということですね。

枡野 そうですね。そういうことになります。しかし、今は情報があふれ、そしてあり余るほどの選択肢があります。既成品がたくさん陳列棚に並んでいるがゆえに、無いものをオーダーメイドでつくり出すよりも自分をどれに合わせていったらいいかとまずは考えます。そして選択するということは、選んだ自分がその責任をとらなくてはいけなくなるから、本当にこれでよいのだろうか、という迷いが生じます。

「天職」なんてない！

松重 最初から「これだ」という答えには、なかなかたどり着かない。そして、昔よりもこれからはより難しいものになっていくんだろうと思います。僕らの世代の「見跡」の頃は、会社に勤めればそれで上がりという時代でした。けれども現代は会社がいつ潰れてもおかしくない。僕の孫は、22世紀を生きる世代です。きっとその時代は日本という国ではなく、世界のなかでどう生き抜いていくかを考えなければいけなくなっていると思うんです。自分が生まれて育った「町内」で仕事を探せばよかったのが、それが「地方」になり、そして「日本中」になって、今や「世界」というふうにどんどん広がってきている。グローバルになってきている時代だからこそ、より「十牛図」にあるような「本当の自分」探しの意味が重要になってきますよね。

枡野 そうですね。ですけれども私は時代が変わってもその探し方は変わらないと思っています。

松重 「真理」だからですね。

枡野 そのとおりです。迷いが生じた時には、今、目の前にあることは、果たして自分にとって正解なのか、そうではないのか――。それをそのときどきの「本当の自分」に問うのです。色眼鏡をかけていない本当の自分の目で、自分の内から、答えを導き出さないといけない。人間の人生に「これ」というただひとつの正解なんてありませんから。

考えてみれば、「自分に向いている仕事」などというものが果たしてあるのでしょうか。

初めからこの仕事こそ天職というものなどないと思うのです。仕事の向き、不向きは、努力を積み重ねていくうちに出来上がっていくもの。一生懸命に与えられた仕事をこなしていくうちに、それが結局は天職になっていく。そんなものじゃないでしょうか。

松重　枡野先生のお話を聞いていると、正解がないならば、いかに早く天職を見つけるかということよりも、さまざまな局面で自分の前に立ちはだかる壁なり課題なりに、真っ直ぐに向き合うことのほうが断然大切な気がしてきます。結局は自分が納得できるか、できないか。自分のやっていることが間違っていないと思えればいいんですね。それには、やっぱり自分自身に向き合う以外に方法はない。

「正解」を出すことより大事なこと

枡野　そうです、そうです。今の時代、すぐに問いの答えを求めたくなりますが、正解を出すことが重要ではないのです。「直心是道場《じきしんこれどうじょう》」という禅語があります。真っ直ぐな心で向かえば、どこにいてもそこが道場になるという意味です。ですから生活そのものが修行になる。真っ直ぐな心で掃除をする、床を磨く、庭を掃く――それと同じです。

松重　今の自分の日常に、目の前の課題に、まずはちゃんと向き合うことがいちばん大事なんですね。そこで斜に構えたりすると絶対にろくなことにならない。

枡野 臨済宗の中興の祖といわれている白隠《はくいん》禅師のお師匠に正受老人《しょうじゅろうじん》という方がおられます。師は「一大事と申すのは今の心なり」とおっしゃいました。禅では仏法におけるもっとも大切なことを「一大事」と言います。つまり、いちばん大切なことは、この一瞬をどう生きるかという意味。一瞬一瞬の積み重ねが人の人生をつくっていきます。何かが来たらその時頑張ろう、明日こそ頑張ろうと思っていると次の日なんて来ないかもしれません。

松重 お話しいただいた梅の木と一緒ですね。

枡野 そのとおりです。ですけれども、それに気がつかないのも10代後半の若い時期。私たちは年寄りだからこそ、この話がすんなり腑《ふ》に落ちるのかもしれません（笑）。まだまだ「きっと自分にはぴったりの仕事がある」と信じて疑わないのは、誰しもが通る道。そしてこの時期には、「見跡」で見つけた牛の足跡こそが「希望のかけら」になってくれるのだと思うのです。松重さんにとって、大学時代に出会ったアングラ演劇がそうだったように。

お寺の息子が庭園デザイナーに

龍安寺の石庭で目覚める

松重 枡野先生のお若い頃のお話も聞いてみたいです。先生はお寺の息子さんとして生まれて、今はお父様の跡を継がれて建功寺のご住職をされていますよね。そして庭園デザイナーでもいらっしゃる。お庭への興味はいつ頃から持たれたんですか？

枡野 私も、庭のデザインは親がやっていたわけでも親戚がやっていたわけでもありません。庭に興味を持つようになったのは、子どもの頃、親と一緒に京都に行ったことがきっかけでした。

松重 京都ですか。

枡野 はい、初めて旅した京都で龍安寺《りょうあんじ》の石庭を見て、目が点になりました。小学校5年生の時のことです。私にとっての牛の足跡、つまり「希望のかけら」です。

松重 うわぁ、龍安寺の石庭が「希望のかけら」って、すごくカッコいいですね。

枡野 いえいえ、そんな高尚な話ではないのです。今からもう60年近く前のことになります。龍安寺に行くと皆さん、御本尊のほうは見向きもしないで、庭のほうにばかり目をやっておられるでしょ。それを見て、「ああ、庭とはこんなにも魅力がある存在なんだなぁ」と感じました。
それに当時、うちの寺の庭は戦争で荒れてしまっていて、子どもの私がどこをどう走り回ってもいいような庭だったんです。庭というよりも、昔「庭」と呼ばれていた場所を開墾して、作物などを栽培していましたから。龍安寺の石庭を訪れた時、同じ禅寺なのにこんなにきれいな庭があるなんて！ とあまりにもその落差に愕然としました。もうそれはそれはカルチャーショックでした。頭をポンと叩かれたような衝撃でしたね。そして、将来うちの寺にもこういう庭を必ず備えなければいけない！ と強く思ってしまったんです。それからは庭にばかり興味がいってしまいました。法事の時にお菓子を箱でいただくと、ついている薄いパラフィン紙をビリビリと破って、雑誌に載っている庭園の写真をトレースしたりしていました。

松重 龍安寺の石庭をご覧になった瞬間に将来のビジョンがぱーっと見えたわけですね。

枡野 高校生だったか、大学生だったかの時に、小学校の同窓会の席で当時の担任の先生に、小学校5年生の時に書いた作文を覚えているか？ と問われたことがありました。私はすっかり忘れていたのですが、「いつかうちのお寺にきれいな庭をつくって、横浜市の観光バスが来るようにしたい」と書いていたそうです。

松重 観光バス！

枡野 そんな恥ずかしいことを書いたんだと、赤面しましたよ。

松重 いやいや、すごいですよ。小学生の時に龍安寺で見つけた「希望のかけら」をつかまえて、実際に庭園デザイナーという職業にも就かれた。有言実行ですね。

枡野 違うんですよ、松重さん。私も松重さんと同じように、庭づくりを職業にするとはつゆほどにも考えていなかったんです。ただ、うちの寺にきれいな庭をつくりたいとだけ。本当にそれだけだったんですから。

好きが「職」になるまで

松重 それがなぜ、いまや世界から「禅の庭」をつくってほしいというオファーが途切れない庭園デザイナーになられたのですか？

枡野 庭に興味を持っていた私に、中学2年生の時の担任が、玉川学園高等部への進学を勧めてくれたのです。当時の私のあだ名は「和尚」でした。先生が「和尚、お前は玉川へ行け！」と。玉川大学はその先生の母校でした。

当時は大学で庭の勉強ができるのは農学部しかありませんでした。玉川大学には農学部があるというので、大学付属の玉川学園高等部に進んだのです。そして高校1年生の時に、私の恩師となる斎藤勝雄《さいとうかつお》先生に出会いました。

松重 枡野先生のお庭の師匠となる方ですか。

枡野 はい。斎藤先生は、当時日本一の庭の設計家でした。ものすごく研究熱心な方で、尋常小学校しか出ていらっしゃらないのに、研究論文を何本も書いておられた。しかし、それを評価できる人がいなかったので、ずっと東大の倉庫に眠っていたんです。それを日本の国立公園の父といわれる田村剛《たむらつよし》先生が見つけ出して世に出したら、すぐに学会賞をとりました。斎藤先生は、実践と理論、両方を兼ね備えていらっしゃる方でした。

そして私はというと、師匠について回って、現場でスケッチをしていると、あまりにも面白くて、どんどん深みにはまっていきました。大学を出たあとも、4年ほど先生の助手をしていました。

松重 ではその頃は、僧侶の修行のほうは？

枡野 そうなんです。4年がたった頃、さすがに本山の總持寺《そうじじ》に行って修行しないとまずいなということになってしまいまして。後ろ髪を引かれる思いで修行に行きました。しかし、もう早く帰りたいんですよ。帰って早く庭のことを教わりたいのです。斎藤先生は、私が大学を卒業した頃にはとっくに80歳を超えていました。そうすると早く修行を切り上げて、早くすべてを教わって、うちの庭の整備を自分で続けていかなくてはいけないという意識だったんですね。貪欲に教わるものは教わって、早く身につけたいという気持ちがとても強かった。

松重 まだ「うちの庭」なんですね。それにしても、枡野先生から「早く修行を切り上げて」という言葉が出るとは思いませんでした。なんだか、少しホッとしています。

枡野 ええ。本当にそんな気持ちだったのです。若いって恐ろしいですね。ですけれども、早く学びたくなったのは、修行のおかげでもありました。本山で禅の修行をしたことによって、「禅の庭」が内包する深い精神性が、少しずつ分かってきたからです。それまでも理解していたつもりだったんです。しかし言葉で分かっていても、身体では理解できていなかった。修行を通じて、より身体で感じることができました。でも、そうするともっと庭のことをやりたくてうずうずしてしまったんです。

松重 人に歴史ありとは、このことだなぁ。

枡野 それでですね、修行から帰ってきて、恩師のところに飛んでいき、もう少し勉強したいと話していたところに、たまたま仕事を頼みに来た方がいたんです。その方が、なんと「あなた、斎藤先生の代わりにやってみたらどうですか」と言うんですよ。先生も「私が指導するから、いい機会だからやってみなさいよ」と。

松重 それでお仕事として庭づくりをされるわけですか。

枡野 これが初めての機会でした。でも、実は私はその時にとても失礼なことを言ってしまったんです。「うちの庭をするのに練習になるならばやってもいいかな」と。

松重 なんと！

枡野 こんな調子だから、プロとしてやっていくというよりは、あくまでも「うちの庭」をやるのに練習になるだろうという、そんな発想だったんです。それが28歳の頃ですね。でもそうしたら、その後、その話を聞いて依頼してくださる方が出てきて、だんだんとやらざるを得なくなっていきました。空いた時間ならば、なんて思っていたら、気づいたら、空いた時間以上になってしまったというわけです。

それからしばらくして、今度は仕事を紹介したいのだけれど、法人ではないと紹介しづらいという話があって。うちは宗教法人ですが……と言ったら、「いやいや、宗教法人だと、ちょっとなぁ」という話になり、それで庭園デザインの法人をつくりました。もともと人様の庭をやるという発想はまったくなかったので、成り行きというか、周囲の方に引っ張っていただいてそうなっていったんですね。

松重 庭園デザイナーが職業として成り立つという意識はおありだったんですか？

枡野 まったくないですよ。斎藤先生は数少ない庭づくりを生業《なりわい》にされている方でしたが、庭づくりでは食べていけないということで、息子さんにも跡を継がせなかったくらいです。息子さんからはよく「あんたはいいよなぁ、うちの親父にいろいろ教われて」と言われました。

実は「庭園デザイナー」という言葉も、今の文部科学省がつくってくださったんです。平成10（1998）年度に、私は芸術選奨文部大臣新人賞を頂戴したのですが、その時、文部省（当時）から問い合わせの電話をいただきました。

松重 ほぉ。

枡野 「芸術選奨にあなたが選出されたんですけれど、あなたのやっていることは、造園ではないですよね」

「そうですね、ちょっと違いますね」

「海外でいうランドスケープとも違いますよねぇ」

「ええ、違いますねぇ」

「今、授賞を発表する際、なんて呼べばいいのかを議論していまして、審査委員の方々が『庭園デザイナー』というのはどうだろうという話が出ています。本人に了解をとってほしいというので、それで電話をしました」

こんなやり取りがありました。

無理に変人の〝角〟を丸めてはならない

松重 いやぁ、面白い！

枡野 「それで結構です」とお答えして、以来、私は庭園デザイナーとなりました。

松重 そういうことですよね。好きなこと、やりたいことが先にあって、それが結果、職業になる。すごく分かります。うーん、よく分かるなぁ。

枡野 「好き」という種が身体のなかにあって、それがふくらんで芽生えちゃったというわけです。

松重 「これが好きだ！」という思いを聞いてくれる大人がいると、職業になるかどうか分からない不安を抱えている若者もどんどんビジョンが具体的になってくる。好きなことは、どれだけでも語ることができるから、いずれ、もしかしたらこれで食べていけるかもしれないと思えてくる。つくづくそんなきっかけや間口を、大人たちがつくっていけたらいいなと思います。

僕は、「変だなぁ、おまえ」っていうやつが大好きです。こいつ変わっているなぁ、これしかできないんだ、という若者が受け入れられる場がもっともっとあるといいなぁと思うんです。

娘が多摩美術大学（以下、多摩美）に通っていた時、学園祭にお邪魔したことがありました。実は僕は学園祭っていいイメージがなかったんですね。学生運動の時とか、ただ資金集めのためにやっていたような印象が払拭《ふっしょく》できないでいたんです。でも多摩美の学園祭はユニークで独創的で驚きました。この場では言葉が過ぎるかもしれませんが、あえて言いますね。〝変態〟の集まりだからこそ、僕は心から面白いと思って感動したんです。自分でデコレートしてメイクして、ただ校内をウロウロしているような人たちがたくさんいた。そういう若者が次の時代をつくるんじゃないかな、って僕、期待しているんです。

枡野　その話で思い出したのですが、多摩美の卒業生に俳優の竹中直人さんがいらっしゃいます。彼は駅から学校に来るまでのバスのなかで、毎日、乗客と運転手さんたちを笑わせるのが楽しくて仕方がなかったんですって。今日の一日が終わったら、明日はどうやって笑わせようかをまた考えている。学校に到着するまで何回、笑わすことができるか――そればかりをずっと考えていたそうですよ。

松重　全然苦痛じゃなかったんでしょうね。

枡野　それが楽しくてやっているだけなんですよね。

松重 やるべき課題ではなく、性癖といっていいくらいのレベルで好きというものが、やがて職業につながれば強いですねぇ。

枡野 そう、だから大人が御しやすいからといって、無理に〝変人〟の角を丸めてしまってはいけないと思うのです。むしろそこを褒めて、伸ばしてあげられる世の中になればいいですよね。

松重 僕もお遊戯で決められたタイムテーブルどおりにやらないと叱責されました。つまり角を削られちゃう。僕の場合は、なんでこんなつまんないことを言うんだろうと思っただけで、学習をしない子どもだったけれど、もし「これはいけないことなんだ」と思ってしまったら、そこで終わっていたかもしれません。ただ、僕はそれが成績に直接関係しないものだったから、逆によかったのかも。当時、演劇という授業があったとしたら、先生によっては、僕は通知表に1をつけられたかもしれないし、もしかしたら5をつけてくれる人もいたかもしれない。だから、それは大人の責任だと思います。見る側、評価する側が、どれだけ多様性を許容できるかは大人に問われているのだと思います。

枡野 大人の態度は重要ですよね。でも、受け取る若者たちもこう思えばいいんじゃないですかね。たとえば絵を描いていて、空は青に塗りなさいと指導されたとしますよね。

松重 僕も絵の教室に1日だけ行ったことがあったのですが、太陽を描いたら、それは違う！　と言われて、それからもう描けなくなったクチです（笑）。

枡野　もし空を青に塗りなさいと指導されたら、反抗したり、僕は違うと思うと言えなかったりしても、黄色もありだよね、と心のなかで思うだけでもまずはいいと思うのです。青は青でありだとは思うのですが、黄色だったら僕はもっと面白いと思うなぁと。全部を引っ込めてしまうのではなく、そう思えばいいんじゃないですかね。

松重　あぁ、それが本当の多様性というものか。ただ、ひとつ思うのが、子どもの頃は自分で自分の身を置く環境を選べるわけではないですよね。そこに居続けたら、自分のいいところにも気づけないという子もたくさんいると思うんです。

枡野　残念ながら、現実はそうかもしれません。

ポジティブな「逃げ」の定義

松重　僕の場合は転校も多かったので、もし失敗しても、そこでもう1回リセットをして面白いことをやればよかったし、僕の〝芝居のようなもの〟を見て笑ってくれる友だちに恵まれました。それが僕のなかに少しずつ蓄積されていったんだと思います。万一うまくいかなくても大学は東京に出ようと思っていたので、そこで環境も、出会いも変えることができる。そこにそれまで蓄積したものを持っていけると思っていました。たとえば若い子で、学校の先生ともうまくいかない、いじめられて自分の身を守るだけで精一杯になっている子には、僕は「逃げ出せ」と言いたいんです。安易に言えることかどうかも分かりませんが、学校なんて辞めちゃってもいいんだよ、辛《つら》かったら逃げ出して新しいところを見つければいいいんだとも言いたいいんですよね。若い人たちの難しい状況を見るにつけて、そんなふうにも思うのですが、枡野先生はどう思われますか？

枡野 今のお話を聞いていてイメージしたのが、街路樹と山に生えている木との違いです。街路樹というのは、たいていが片方が車道で、片方が歩道ですよね。ですからその制限された空間に合うように、年がら年中、剪定《せんてい》されて形も決められてしまう。木のほうからしてみれば、枝葉を自由に伸ばしたいのに。一方で山の木は、最大限に枝を伸ばしたいように伸ばして、のびのびとしています。街路樹と山の木との違いは一目瞭然ですよね。

松重 はい、そうですね。

枡野 でも、我々人間は木とは違います。この環境が嫌だと思ったら、自分の意志で移動することができるのです。つまり自分で環境を変えることができるわけですよ。こうした我々にしかできない能力は、積極的にどんどん使っていったほうがいい。自分の行動ひとつで、街路樹にも山の木にもなれる可能性が我々にはあるのです。やはり私たちも、思いっきり枝葉を伸ばせるような居場所がいいですよね。だから逃げるのは悪いことではない。逃げるということは、自分の個性を最大限に活かせる場所を自分で見つけ出すこと、そのための移動というふうにもとらえられると思います。辛いことから目をそらすのではなく、それに向き合って、自分の頭で考えて、考えて、考えて——。そして自分で環境を変えると決心したならば、それはもう逃げではない。私はそんなふうに思います。

松重 なるほどなぁ。枡野先生のお話って、何ごとも決めつけない。「でなければならない」とか、一定の価値観、善悪で切り分けることもなくて、「それもある」、「これもある」とおっしゃってくださる。

枡野 禅的な考え方がそうだからです。さて「十牛図」の童子の旅はどうなっているでしょうか。そろそろ牛の姿が見えてくる頃かもしれませんよ。

松重 はい、次に進みましょう！

三 見牛（けんぎゅう）

——あるべき自分を見つけ出す

牛の足跡をたどっていくと、木の陰から牛のお尻が見える。牛の身体全体は見えないが、たしかに牛の姿をとらえることができた。

仁義なき自我との闘い

「庭が好き」と修行がリンクした！

枡野 どうやら童子は、牛を見つけたようです。
松重 でも木の陰からお尻だけ。
枡野 修行の道のりはまだまだ遠いし、悟りとは何かはいまだによくは分からない。そうではあるのですが優れた師に出会い、ぼんやりとその一部が見えかけたような気分になる。禅的に言えば、この3枚目の絵はそんなところです。
牛のお尻が木の陰からちらりと見えるように、20歳を過ぎてくれば、人生の尻尾が見えてきたように感じることでしょう。これまでの経験から、自分自身が少しだけ分かり始める。自分には何ができて、何ができないのか——。現実も目の前に立ち現れる。
松重 枡野先生が牛の尻尾が見えてきたと思われたのは、どのあたりからですか？
枡野 そうですね。やはり總持寺に雲水《うんすい》修行に行った頃からでしょうか。本山での修行は、生きていくには何が大事で、どう生きたらいいかということを身体を通して徹底的に学んでいくわけです。そうすると、先ほども申し上げましたが、自分が夢中になっていた庭というものが、人間にとってどういう位置づけなのかもおぼろげながら見えてきたのです。それが牛の尻尾だったと思います。それまでは、美しい庭とはどういうもので、いったいどうしたらできるのかと、それればかり考えていましたから。自我ですよ、これが。

松重 枡野先生も自我と闘っていらしたと。

枡野 もちろんです。私は特別なんかではなく、皆さんと同じです。

松重 それなら、我々が自我にからめとられているのも仕方がないと思えてきます。もう人生は、自我との仁義なき闘いですね。

枡野 そこから脱却するために、我々は日々修行をしているようなものです。

松重 すごく興味深いのが、「庭が好き」という内からわきあがってくる気持ちが、雲水修行をしているうちに、もっと広く禅の哲学とリンクしてくるということです。

日本の庭と禅の関係

枡野 せっかくなので、少し「禅の庭」のお話もさせていただきますね。

松重 ぜひ、お願いします。

枡野 日本の庭の歴史のなかで、鎌倉時代中期から室町時代の庭は、そのすべてを禅僧がつくっていました。これはとても衝撃でした。だから京都の禅寺には必ずといっていいくらい庭があります。とくに臨済宗の禅寺には。

松重 龍安寺も臨済宗系のお寺ですね。

枡野 おっしゃるとおりです。庭と禅僧の深い関係を知り、日本の庭は禅との関係なしに語ることはできなかったのだと気づいた途端、すとんと理解できたのです。美しい庭をつくろうとするのではなく、禅の思想や哲学を空間化すればいいんだということが身体で分かりました。つくった庭に対しての評価は、あとから皆さんが勝手にしてくだされればいい。「いい庭ですね」「美しい庭ですね」という評価をもらおうとしてつくる庭は、結果いい庭にはなり得ません。禅僧の心の状態を視覚化しているのが「禅の庭」ですから、評価を目的にするような心持ちでつくってしまったら、自ずと結果はお分かりでしょう。

その点においても、龍安寺の石庭は、本当に素晴らしい。誰がつくったのかいまだに謎で、開基《かいき》であるとか、細川勝元《ほそかわかつもと》の息子の政元《まさもと》とか、室町時代の能楽師である世阿弥《ぜあみ》ではないか、など諸説あります。しかし、私はどう考えても禅僧がつくったのではないかと推測しています。あれほどの緊張感をもった空間をつくれる人は、並大抵の能力の持ち主ではない。禅をかなり極めた人、相当に坐禅をした人だと思います。

松重 それは、俳優の仕事にとってもまったく同じことが言えますね。評価を目的にしたり、やろうと思っていることが透けて見えてしまう演技はどうもいただけない。僕の好みなのかもしれませんが、その「クサさ」がどうしても苦手でして。

枡野 見る側の想像力を殺してしまう。

松重 そうなんです。その点でも龍安寺の石庭は、白砂とたった15石という素材だけで、なぜあれほどまでに見る者に訴えかけるものがあるのかと不思議でなりません。あの究極まで削ぎ落とされた禅の庭にとても心惹かれるのです。なんて、分かったようなことを言っていますが、それは40歳を過ぎた頃から、ようやくのことでした。

実は龍安寺の石庭には、これまでに4回ほどうかがっています。最初に訪れたのは大学1年生の頃です。でもその時は、ただあの長い広縁に座って時間を費やしただけ。庭を見ながら何かを感じ取ることはできませんでした。

枡野 私が1990年代前半にアメリカのワシントン州の美術館で講演をした時、ある年配の女性の方に質問をされたことがあります。「龍安寺に行ったのだけれど、あの庭のどこがいいのかさっぱり分からなかった」と。

困ったなぁと思ったのですが、私は彼女に「あなたはあの庭の前で何をしたかったですか？」と聞きました。「歌を歌いたい気分になりましたか？ それとも踊りを踊りたい気分になりましたか？」と。そうしたら「いやいや、何もしなかった。なんだか分からなかったけれど、1時間何もしないでずっと見ていた」と。

松重 素晴らしい問答ですね（笑）。

枡野 「それが答えです」と言いました。空間が何かを語りかけてくるのですけれど、彼女はまだそれを受け取る準備ができていなかっただけです。しかし少なくとも歌ったり、踊ったりする気分にはならなかった。「それで答えになっていますか？」とうかがったら、「分かりました」と答えてくれたので、私も救われました（笑）。正直、なんと説明していいか分からなかったものですから。

「禅の庭」は鏡に似ている

松重 僕もそのお話は実感をもってよく理解できます。大学生の時に行って、それから家族旅行で行って、さらに10年ほど前に行った時、初めて「あぁ、こういう絵をお客さんに見てもらいたいんだな」「こういう絵のあるところにお連れしたいんだな」「これが僕の求める芸能のかたちじゃないか」というふうに思えたんですよね。石庭を見ながら。

枡野 松重さんが人生経験を積まれたことで、石庭が語りかけてくるものを受け取れるようになったということですね。

松重 龍安寺の石庭をはじめ、「禅の庭」は鏡に似ていますね。自分の今の状態が鏡に映されるように思えるのです。何かにすごく期待していたり、何かをひどく恐れていたり、そんな裸の自分が映し出されてしまうから、ちょっと恥ずかしくなってきますけれど。

枡野 まさにおっしゃるとおり、鏡なのです。本当の自分と対峙《たいじ》させられる鏡。でも、それが鏡であると分かるのは、松重さんが日常で修行を積んでおられる証でしょう。龍安寺の石庭は、見る者の力量が問われる、ある意味恐ろしい庭でもありますからね。

松重 それは、あそこに実際に身を置いてみないと分からない感覚ですよね。今はいくらでもスマホで庭の写真も情報も得られる世の中ですが、こればかりはスマホの情報だけでは得ることのできない体験だと思います。

枡野 そうですね、デジタル化が進みバーチャルでさまざまな疑似体験ができる世の中になったからこそ、より実際にリアルでその空間に身を置くことが尊いものになってきているのかもしれません。ですから、機会があれば、龍安寺にかかわらず何度でも同じ「禅の庭」を訪れてほしいと思います。去年見たのと、今年見たのとでは、きっと感じ方が違ってくるはずです。自分の成長、つまり修行の成果を実感していただけることでしょう。

良き師に出会う

「化けるか」を見抜ける力量

松重 禅では師匠の存在も大きいようですね。この三の「見牛」でも、優れた師に出会うことによって、ぼんやりと牛のお尻が見えてくるわけですから。

枡野 良い師というのは、この人にはどういう指導をすればひと皮、ふた皮むけるか、いわゆる「化けるか」が見抜ける力量がある人のことです。10人いたらみんな違った指導の仕方、その人に合った指導でなくてはなりません。

禅では、どんな人であってもよき師につけば道を開くことができると考えます。「三級浪高魚化龍（さんきゅうなみたこうしてうおりゅうとけす）」という禅語があります。龍門瀑《りゅうもんばく》という三段の滝があり、そこを鯉《こい》が登りきると――といっても何万匹に1匹しか登れないのですけれども――天に至る、つまり次の世界が開けることを表しています。「登竜門」という言葉もここから来ています。これは、どんな難しいことであっても、良い師にめぐり会えばそこに至ることができるということを示しています。松重さんの師匠というと、どなたになるのですか？

松重 そうですね、僕の師匠といったら蜷川幸雄《にながわゆきお》さんになりますね。大学の時の卒論教授に僕が学生演劇だけで終わらずに、このまま演劇を続けていきたいと言った時、教授が「蜷川のところへ行ってみろ」と勧めてくれました。

枡野 どんな存在でしたか？ 蜷川さんといえば、とにかく怖いイメージですが（笑）。

松重 はい。もう今のこのコンプライアンスの世の中では、ああいう師匠は出てくることはないと思います。とにかく、「出せ、出せ。人と違うことをしろ」という人でした。それは今でも染み込んでいますね。

枡野 あぁ、ぴったりな言葉がありますよ。「薫習《くんじゅう》」です。お寺では春先になると、冬の衣と一緒に防虫香を入れて畳紙《たとうし》にたたんでしまっておきます。そうすると、半年後には香りが衣にいき渡っています。それと同じように、良き師についていると立ち居振る舞いから、考え方それらすべてが移ってくるという意味です。

松重 蜷川さんのやり方すべてが「薫習」されると、ちょっと困ることになるなぁ（笑）。今の時代に置き換えると、パワハラの塊みたいな人でしたので。それをそのまま若い俳優たちに伝えることはできないから、僕らは、僕らの時代の違う方法論を考えていかねばならないとは思っています。

けれどもやっぱりすごく偉大な師匠でした。蜷川さんの教えは僕のなかでずっと生きているし、あの頃に教わった演技の方程式のようなものは、今でもいろいろな場面で僕を助けてくれています。とにかく修行し続けないと明日が来ないということを徹底的に叩き込まれました。ただ、僕は20代でこの師匠のもとを出奔しましたので（笑）、それ以降は、誰かに導いてもらうということはなくなってしまった。だから40代で出会った禅の教えが、今は僕の師匠と言えるかもしれません。

牛のお尻を追いかけて

覚悟をもって削ぎ落とす

松重　今、僕は還暦を迎えるにあたってすごく「削ぎ落とす」ということに興味が向いているように感じています。だから、龍安寺の石庭を見て、恐れ多いことではありますが「こんな作品をつくりたい」と思っています。昨年（２０２１年）、４度目の龍安寺にうかがう機会を得て、それを実感しました。けれどもそう思うまでには、やはり僕もいろいろありました。

枡野 いろいろあったのですね（笑）。

松重 僕が言えるのは演技という視点からですが、基本的に表現というものは誰もが考えつくものだと面白くないという大前提があると思うのです。幼稚園のお遊戯会や小学校の学芸会の時から、見ている人がハッとするくらい面白くなければ、やる意味がないと思っていました。人と違うことをやるべきだという発想がずっとあったんです。だから、演技プランを考える段階で、悲しみの表現ひとつとってみても、こんな叫び方があるんじゃないか、いやいや全部ウィスパー（囁《ささや》き声）でやるという可能性もありじゃないかと、あらゆる可能性を想像します。

たとえば台本に「おはよう、今日はいい天気だね」というセリフがあったとします。この短い1行にも疑問を持って見てみると、いろんな言い方ができるのです。会話をしているほうの一方は、実は相手を殺そうと思っている人かもしれない。はたまた、こっちはとても好きなんだけれど、相手はそれを振り払いたくて仕方ないのかもしれない。そんなことをいろいろとシミュレーションするんです。というか、そういう遊びが好きなんですね。小学校の頃にやっていた遊びの延長です（笑）。

けれども、最近は妄想はたっぷりしても、それを全部忘れて現場に行くように心がけています。枡野先生の「禅の庭」づくりでも、これも足せるし、あれも足せる、けれどもそれを最終的に削いでいく――そんなプロセスがあるんじゃないかと思うんです。

僕はそれと同じように、面白い表現をいろいろと妄想しはするけれど、それを最終的には覚悟をもって削いでいきたいと思っています。

ブレずに考え続けてきたのは…

枡野 まさに禅の発想ですね。足すという行為には安心感がともなうから、つい私たちは足したくなる。逆に引いていくのは、不安になるものです。それができるのは、相当心が整理されている状態だと思います。松重さんは若い頃からそういう傾向があったのですか？

松重 最終的にお客さんがいちばん想像力を働かせることができる渡し方は、どういうものだろうと、割とそういうことはブレずに考えていたように思います。

けれども恥ずかしながら、僕もどうにかして爪痕を残してやるぞ！　という下心はありました。

枡野 それは当然でしょう。

松重 人と違う表現をするということも、作品全体を良くしたいという思いからではなく、自分の演技の品評会というか、「その演技すごいね!」と言われたいからという……。そういう気持ちとの決別は非常に時間もかかるし、方法論も見つけられませんでした。『般若心経』や坐禅の真似ごとをするようになってから、そういう思いから少しずつ距離をおけるようになったような気がします。

枡野 この「見牛」の段階では、それはずっと先にある境地です。自分の自我、そして自分と関わる他者の自我とぶつかり合いながら、そして分かり合いながら、自分自身の存在を明らかにしていく時期ですから。

松重 いろいろあっても仕方がない(笑)。

枡野 そうです、そうです。この時点では牛のお尻しか見えていないのですから。でも松重さんは、先ほど「最終的にお客さんが想像力を働かせることができる渡し方をしたいという思いはブレずにきた」とおっしゃいました。

松重 はい。

枡野 それが松重さんの牛の尻尾だったのかもしれませんね。自分が歩むべき道が曖昧ながらも見えてくる、というのはそういうことじゃないでしょうか。

まだまだ経験不足な時期。関わる他者も少なく、自分自身の才能や能力を見極めることもできません。それは裏を返せば、自分を信じたいという気持ちが強く、諦めきれないでいるということ。早く牛の全体像＝本当の自分とはどんな姿をしているのかが見たいし、その姿に期待も抱く。そしてそれと同時に、自分自身の姿があからさまになる怖さも押し寄せてくることでしょう。

松重　童子の波乱の旅はいかに！「次回に続く」というところでしょうか。

3章
暴れる牛と私の行方
「十牛図」四〜七

四 得牛（とくぎゅう）

――煩悩や迷い、欲望……

人生は自分自身との闘い

ついに童子は牛の姿を見つけ、牛の首に縄をかけて力ずくで捕まえようとする。ところが牛は暴れて、なかなか捕まえることができない。

これは我欲？ それとも意欲？

執着は果たして悪なのか

枡野 牛を探す旅もそろそろ中盤にさしかかりました。

松重 童子がついに！

枡野 はい、牛の姿を見つけたようです。暴れる牛と格闘しているようですね。

松重 何と格闘しているのでしょうか。

枡野 修行を続けてきて、やっと牛のお尻が見え始めたのが三の「見牛」の段階でした。このままいけば「悟り」の道を歩めるのではないかと思っていたのですが、何かが邪魔をして進むことができません。

松重 分かります、その感じ。人生はままならない。

枡野 邪魔をしているのは、自らの煩悩や心の迷い、そして執着心といったものです。

松重 出ましたね、煩悩……。

枡野 煩悩は心の余分な体脂肪です。それは誰かが取り除いてくれるものではないと、すでにお話ししましたが、この4枚目の絵では、結局修行の道のりは、自分自身との闘いであるということを教えてくれています。

松重　一般的な年齢に置き換えると、だいたいどのくらいでしょうか。

枡野　学校を卒業して社会人になった頃でしょう。まだ自分自身の姿はとらえられてはいないのですが、今の現実がなんとなく自分の人生であるかのように思える時期です。一方で就職をして社会の一員として仕事を頑張ろうと思っていても、もしかしたら、別の道があったのかもしれないと、自分が選ばなかった、もしくは選べなかった可能性に執着して迷ってしまう。首に縄をつけた牛が暴れるように、もうひとりの自分の心が暴れて、自問自答を繰り返す日々。この「得牛」を人生に置き換えるとそんな光景が見えてきます。

松重　枡野先生、今さらなのですが、執着というのは、すべて悪なのでしょうか。

枡野　手放したくない、手放したくないとすがりついているのは、悪ですね。

松重　これだけは譲れないこだわりというか、そういうのも執着ですか？

枡野　たとえば、松重さんが会社に勤めていらして、部長の席に座っている。この席だけはどうしても譲りたくない。周りの人を蹴落としてまでその席に居座り続けるとしたら、執着です。

松重　では、その会社を良くしようとして貫こうとしている自分の信念やこだわりだったとしたらどうですか？

枡野 それは向上心です。自我のことに最初に触れた際、「私だけが」と思うことと説明しましたが、「私だけが得をしたい」というのは「我欲」です。そして我欲は執着につながります。一方で同じ欲でも、自分の人生をより良く前進させる、その推進力となるものは「意欲」です。

流れても形を変えても雲は雲

松重 なるほど、我欲と意欲ですか。そこは分けて考えるほうがいいのですね。

枡野 はい、我欲は削ぎ落としていかなければならない、そして削ぎ落とすコツは、自分が良くなりたいと思ったら、まず相手や関わる人も一緒に良くなる方法を考えることです。

松重 教えていただいた「諸法無我」ですね。

枡野 そのとおりです。「執着はすべて悪ですか？」という質問が出るということは、何か松重さんが執着されているとご自分で思っておられることがあるのですか？

松重 はい。なんだかあやしいなと感じていることがあります。自分がいい作品だと思う価値基準に譲れないところがあります。面白いか、面白くないかという基準までも執着だとなると、それはなかなか捨てられないなと。

枡野 ちなみにその基準はどんなものですか。

松重 僕は最近とくに情報過多な作品や、善悪といったような二項対立で語られる価値観を感じる作品が苦手でして。でも、ときどき不安になるんです。そういう作品もいいと思わなくてはいけないんじゃないかと。どこまでが執着や我欲で、そして何がこだわりや意欲なのか、その線引きがとても難しいと感じます。

枡野 禅の言葉のなかに、頻繁に「雲」が出てきます。雲は、空にぽっかりと浮いていて、南から風が吹けば北に流れる。西から風が吹けば東に流れる。風が強ければいろいろな形にその姿を変える。変幻自在な存在です。しかしどれほど形が変わろうとも、雲であることは変わらない。本質は失わないのです。

同じように、私たちも、今、手にしている形だけを守ろうとすると、そこに執着や迷い、苦しみが生まれます。本質を失わないぞという「こだわり」は持ち続けていいのです。いえ、持ち続けてください。これが答えになっているといいのですが。

松重 なるほど。そういう意味で言うと「十牛図」で描かれている牛を見つけるということだって、牛を求めているというストーリーは一貫していても、その牛のありよう、どういう牛なのか、その形は人によってそれぞれなわけですよね。牛とは言っているけれど、牛でなくてもいいわけですよね。

枡野 そうなんですよ。「十牛図」にもいろいろなものがあって、牛の色が変わっていくものもあるくらいですから。

人から良く見られたい病

縁の下の力持ちたちの「迷い」

松重 もうひとつ、ぜひうかがいたいことがあります。「迷い」を生む原因になっているのではと思っていることです。僕は、どんな仕事でも、その人が歩いてきた足跡というものは確実にあると信じています。けれども、僕のような俳優は作品のなかに姿が映っているので分かりやすいですが、スタッフさんは足跡を残したという実感を得づらいと思うのです。俳優は一人ひとりのスタッフさんがいなければ、仕事が成り立たない。それは俳優に限らず、どんな仕事でもそうですよね。でも、間違いなく足跡は残っているのに、その実感を得られないことが迷いの原因になっている方も少なくないのではと。枡野先生はどう思われますか？

枡野 現代社会は複雑に物事がからみ合って、ひとつのものが出来上がっていますよね。たとえば我々が使っている携帯電話でも、内部の部品がひとつなくても機能しない。でも自分がつくった部品がどこに入っているかというのは、外からは見えない。昔は、たとえばスプーンを鍛冶屋《かじや》さんがつくってくれたら、これはいい形ですね、使いやすいですね、とストレートに評価が得られました。でも今は大勢の方が集まってつくらなければならない複雑なものが多いので、個人個人の仕事が評価されにくくなってしまっている。

松重 なるほど、なるほど。

枡野 ですから自分の生き方ってこれでいいのか？　という迷いが生まれやすくなっているのは、松重さんのおっしゃるとおりかもしれません。目立つ人だけにスポットが当たりがちになっていますよね。

松重 評価に対する態度もとても繊細なものだと感じています。ある程度歳をとってくると、結果がすぐ出ることに対する猜疑心《さいぎ》が出てきます。評価されることを真に受けたらいけないのではと。

枡野 評価されたいという気持ちは、人間誰しも抱くものです。ですけれどもそこには、自分を今の自分以上に見てほしいという思いが潜在的にあるのではないでしょうか。私には、インスタグラムなどのSNSの「盛る」という行為もそのひとつのように見えます。「十牛図」の歩みは、人からどう見られたいとか、人にどう見せたいというのではなくて、徹底して「自分自身」がどうありたいか、自分の姿が本来どういうものなのかと、自分の内側を深めていくものです。どこからどう見てもらってもこれが私なんですという意識で、いかに自分が理想とする生き方に自身を近づけていくか。それが牛を探していくという生き方なのだと思います。

松重 枡野先生から「盛る」という言葉が出てきたのにちょっと驚いています（笑）。

やりたいことと求められることのズレ

枡野 場合によっては、世間が求めているものと、自分が今やりたいものが乖離《かいり》していることもあるかもしれないですよね。それが認められようが、認められまいが、好きに評価してくださいと思えれば、気が楽になるのですけれどね。

私が学生時代、泥んこになって庭づくりに夢中になっていた時、周りの人は、あそこの寺の住職の息子は変わっているなぁと言っていたらしいですよ。将来いったい何になるつもりなんだろうと。そんなふうに言われていたとは、私はまったく知りませんでした。
こんな偉そうなことを言っていますが、実は私も10代の後半に師匠と一緒につくったうちの庭に、最近になって手を入れました。当時は、人にどんなふうに見てもらおうかとばかり考えてつくっていましたからね。

松重 枡野先生でもそんな時代があったんですね。

枡野 若い頃は、誰でも周りの目を気にしてしまいますよね。

松重 あぁ、ありましたねぇ、僕も。舞台はその場で消えていくものなので、まぁいいんですけれども、映像というのは残ってしまうので恐ろしい。「俺が、俺が」という意識が払拭できていないものは、今やおぞましくて見たくもない。演じ直しは、僕らの世界ではなかなかできないので、もう葬り去るしかありません。幸いなことに、僕らの過去作品は枡野先生のお寺の庭のようにつねにそこにあって目にするものではないので、見たくなければ見なければいい。とくに僕は過去作品は、見ないタイプなので、恥ずかしい過去は振り返らないですむ幸いはあります。
若い頃の僕は、舞台で芝居をしたいという思いのほうが強くて、テレビで売れたいとはあまり考えていなかったんです。その日、劇場に足を運んでくださったお客さんが、笑って帰ってくれる。それが僕の日常だし、それでご飯が食べられれば十分だと思っていました。とはいえ、なかなかご飯を食べられるところまではいかないわけです。30代半ばまではアルバイトばかり。でも周りを見ると、どうやらテレビというものを利用したほうが生活も良くなるし、お客さんも舞台に来てくれるようになる。知名度が上がればキャスティングしやすくなって、宣伝もしやすい。演じる側もプロデュースする側もいいことになるぞ、というのでテレビに出始めました。

枡野 舞台とテレビで違うところはありましたか？

松重 はい、いざテレビの世界に飛び込んでみると、まったく畑が違いました。最初は自分のやりたいこととテレビが求めることにズレのようなものがありました。

枡野 先ほど申し上げた世間が求めているものとの乖離ですね。

松重 はい。そこで傷ついて舞台に戻る人もたくさんいましたし、向いていないと言われて切り捨てられることもあります。

でも、僕はテレビの世界できちんとやらないと舞台にも戻れないぞと思ったんです。とくに僕の場合はテレビになると、小柄な女優さんとツーショットになった時に、頭、切れちゃうよ！　デカすぎるんだよ！　という世界でしたから、工夫しなくてはいけないことが山ほどありました。なんとかそれに合わせていかなければという思いで40代まで来た感じです。評価うんぬん以前の話です。

枡野 その頃は窮屈な思いもされましたか？

松重 窮屈というよりは、自分を見失うと大変なことになるぞ、と戒める気持ちのほうが強かったですね。テレビというフィールドは、舞台に比べたら大きなお金が動く世界だということはなんとなく感覚で分かっていましたし、欲望が渦巻く世界でもありますから（笑）。だから芝居をするのが舞台ではなく、映像に置き換わっただけだと、それは意識するようにしていました。ただ芝居をする――。そこはブレないようにしようと。

枡野 松重さんにとって、「芝居をする」ということが、形が変わっても「雲」という本質だったのですね。

松重 僕は大学卒業後、蜷川幸雄さんが主宰するGEKI-SHA NINAGAWA STUDIOに参加していましたが、実は26歳の時に退団して1年半ほど芝居から遠ざかっていた時期があるんです。

野良犬の脱走

枡野 差し支えなければその時のことをもう少しうかがってもよろしいですか？

松重 はい。蜷川さんはそれはそれは恐ろしい存在でしたが、蜷川さんのところを辞めたのはそれが理由ではありません。僕は蜷川さんに大事にしてもらって、期待もかけていただいていました。けれどもある日突然、僕は稽古場を脱走したんです。

枡野 それが26歳の時ですか？

松重 ええ、蜷川さんのスタジオに入って3年がたった頃のことでした。その時期、蜷川さんは商業演劇に舵を切っていました。つまり、たくさんのお客さんを集め、大きな劇場で、演劇界だけでなく広く芸能界で活躍している才能ある若者を舞台の真ん中に立たせる作品づくりへとスイッチしていった時期だったんです。そうすると、純粋に芝居が好きなだけではやっていけない政治的な部分がどうしても見えてくるんですよね。ショービジネスの「ビジネス」が見えてきてしまったんです。

枡野 まさに「やりたいことと求められることのズレ」を感じられたと？

松重 そうだったんだと思います。僕がスタジオを脱走したのは、次の大きな舞台の準備も佳境に入っていた時。そして僕はその作品でいい役もいただいていました。けれども、当時の僕はまだ清濁併せ呑む覚悟はなかったんです。だから逃げました。

枡野 しかし、そこまでお膳立てされていて、しかもあの蜷川さんのもとから逃げ出すというのは相当の勇気ですね。

松重 もうこの世界に戻るつもりはなかったですし、戻れるとも思っていませんでした。

僕がスタジオに入った時、蜷川さんは、「今はお前たちは野良犬かもしれないけれど、3年でオレが狼にして野に放ってやる。オレはそういう仕事をするんだ」と言ってくれました。すごいカッコいいと思いました。でも3年たってみれば、事務所に入れって言われるし、宣材用の写真も撮られるし……。僕はこれを目標にしてきたんじゃない！　と思ってしまったんですね。

枡野　まさに「得牛」の時期らしいエピソードです。蜷川さんはカンカンだったんじゃないですか？

松重　そうだったと思います。一方で、きっと蜷川さんは僕に裏切られたとは思わないだろうとも感じていました。蜷川さん自身、アングラからスタートしてどんどん路線を変更されていった方です。その紆余曲折のなかでは、昔のお仲間から蜷川さんが裏切り者と言われたこともあります。でもそれは皆さんそれぞれの、芝居に向き合う純粋さからきた袂《たもと》を分かつ決断だったと思うし、それは蜷川さんも承知していらっしゃったと思うんです。当然、長文のお手紙は書きましたけれどね。たぶん読んではいらっしゃらないと思いますが。

枡野　そのあとはどうされていたのですか？

松重　建設現場で高所作業をしていました。とび職です。

枡野　松重さんの高所作業、すごく高そうです。

松重　そうなんですよ（笑）。魅力的な親方や職人さんがたくさんいて、彼らから盗める技術は盗もうと思って没頭しました。自分が少しうまくできるようになると褒められたり、逆にヘマをして怒られたり、そんな日々はとても楽しかった。高いところに登って作業をするわけですから、技術がないとやっていけない世界です。だから自分もスキルを上げていい職人になるぞ！　と思っているうちに、芝居のことはすっかり忘れてしまいました。この時期は、本当に芝居は何も見なかったですね。

枡野　舞台の世界に戻りたいとはまったく？

松重　まったく思いませんでした。とび職の世界に骨を埋《うず》めるつもりでいました。でもその頃、僕より先に蜷川さんのもとを去った勝村政信《かつむらまさのぶ》という俳優が「1本だけ一緒に芝居をやろう」と声をかけてきたんです。「いや、オレはもう戻るつもりはないよ」というやり取りの挙げ句、1本だけ出ることにしました。

枡野　それが戻るきっかけですか？

松重　いえ、僕は約束どおり1本だけやって、またとびの仕事に戻りました。ところがです。そこで、僕は転落事故に遭ってしまったんです。幸いにも骨折ですんだのですが、事故後、ちょっとすったもんだがあって、結局会社は辞めることになりました。そこで拾ってくれたのが今の事務所の社長です。それが27歳の時でした。

枡野　運命の歯車がぐるぐる回る音が聞こえてくるようなお話です。

松重　ええ、もう自分がどうしよう、こうしようじゃないんだなと思いました。これが僕の運命なんだと、観念するしかないというか（笑）。

枡野　それが人生というものなんですよね。自分の力では抗《あらが》いようのない大きな力がやってくる時がある。人間はすべてを自分でコントロールしているように思っていますが、そうではないということが、松重さんのお話を聞いていてもよく分かります。それからはずっとこの道で？

松重　ええ、そうなりますね。舞台の世界に戻ってきてから最初に出演した舞台で、古田《ふるた》新太《あらた》という〝ばけもの〟に出会ったのが大きかったんです。彼は大阪で大人気の劇団の看板俳優でした。大阪から東京に殴り込みにきたような役者でしたが、もうとにかく彼が面白い。あぁ、こいつにはかなわないと思いました。それから一緒に何本も芝居をやりました。古田は野球でいうところの松坂大輔《まつざかだいすけ》選手みたいな存在。それくらい別格でした。役者として古田とガチで勝負しても勝ち目はないので、自分のどこを磨いていけば彼と向き合えるかを必死に考えました。古田の存在は20代の僕にとって、現場で出会ったカッコいい職人のようでした。

枡野 古田さんの登場で、役者としてやっていく覚悟が決まったということですか？

松重 そうですね。もうこれは腹をくってやるしかないと。蜷川さんのところで嫌だと感じた政治的なものもすべて引き受けたうえで戻らなければならないと思いました。でもそんなことは、もうどうでもよくなっていたような気がします。それよりも「あいつ、なんであんなに面白いんだろう」と考えることのほうが楽しくて、卑屈にならずに役者の修業に戻れたんです。

でも、今でも腹がたちますよ（笑）。この間ご飯を食べに行った居酒屋さんで店の入り口にサインをしてくださいと頼まれたんです。ふたつくらいサインがあって、その下に書いたんですが、「この前、古田さんが来てくださったんですよ」って言われて。あぁ、古田の下に書いてしまった！　と地団駄を踏みました（笑）。

枡野 とてもいいご関係なんですね。それも、きっと互いの牛が暴れている頃に出会って、切磋琢磨されたからこそなんでしょう。

松重 えぇ、大暴れしていましたね。暴れまくってふたりで、いや2頭で相撲をとっていました（笑）。

五　牧牛（ぼくぎゅう）

――修行に終わりはない。

いまだ残る煩悩の種を

一つひとつなくしていく

暴れている牛をやっとのことで手なずけられるようになった童子。もうこれで牛を飼いならすことができたと安心する。

牛を手なずける

『孤独のグルメ』との出会い

松重 童子が牛の手綱《たづな》を引いて歩いています。

枡野 童子は牛と仲良くなれたようですね。「右へ行って」と言えば牛はそのとおりにするし、「止まって」と言えば素直に止まってくれる。童子も安心した表情を浮かべています。修行の意味も分かりかけてきた時期ですね。牛を手なずけることができて童子はホッとしていることでしょう。

松重さんは、暴れていた牛を手なずけられたと実感した出来事などありましたか？

松重 いちばん分かりやすい例えで言うと『孤独のグルメ』という番組への出演でしょうか。

枡野 大人気の番組ですね。おいくつの時だったのですか？

松重 『孤独のグルメ』がスタートしたのは、49歳になった年のことでした。テレビを10年くらいやってきて、そろそろテレビの仕事というのがどんなものなのか、分かり始めた頃だったと思います。

最初にオファーをいただいた時は、深夜枠のドラマで、セリフもなく、ただ食べるだけと聞いて、そんなもの見る人がいるのだろうかというのが正直な気持ちでした。けれども、ただ「食べる」ということだけで30分間見せるというプランに面白みを感じて、真剣にそれを請け負ってみようと思ったんです。おかげさまでスタートから11年目にしてシーズン10という息の長い作品になりましたが、最初はこんなに続くシリーズになるとは思ってもいませんでした。1シーズン目が終わって、続編もつくるということになり「え、やっていいんだ！」と。そして、また「3回目もやっていいの？」という感じで、気づけば11年です。

枡野 なるほど。四の「得牛」を経て、五の「牧牛」に進まれて、もう我欲は手放されていたのではないですか？

松重 どうですかねぇ。ただ、今まで学んできた演劇的なスキルではなく、食べ物と向き合っている時間をお見せするだけ。ウケるとは思っていなかったのに、まさに視聴者の皆さんがいい意味で勝手に評価してくださった。その時に「あれ？」っと思ったんです。なんでだろうと。

枡野 「演じている」松重さんではなく、松重さんそのもの、そのたたずまいに皆さんが惹かれたんでしょうね。

松重 最初は、お客さんが見て面白いと思うようなものになるのだろうか？ という葛藤はあったんです。でも、深夜の遅い時間の放送で見ている人もきっと少ないだろうし、思い切って、演じることはしないで目の前にあるものをただ食べることだけを考えようと、トライしました。こう食べたら美しいとか、こう映ったら美味しそうに見えるだろうかとか、まったく考えずに臨んだんです。

また局内の制作がドラマ班ではなく、バラエティ班だったのも功を奏したんじゃないかなと思います。ドラマを撮るノウハウを持っていなかったので、本当に淡々と撮るということしかしなかったんです。今考えると、それが新鮮だったのではないかと思います。

「ただそこにいること」

枡野 でも、これまで演技を磨いてきた俳優である松重さんが、演じずにものを食べるというのは、きっとそれはまた難しかったのではないですか?

松重 僕は『孤独のグルメ』の撮影の時にはお腹をペコペコにして現場に入り、本番の時に初めてその回に登場する料理を口にするようにしています。だからひと口食べて、たとえば「うわ、辛い!」となる場合も、台本に書かれている予定調和ではなく、自分自身が実際に感じたリアクションです。それを淡々と映像に刻むことになるので、演技という技術がいらないというか……。

昨今テレビなどはどんどん説明過多になってきています。食べるシーンであれば、見る人が分かりやすいように、美味しそうな表情をしてくださいとか、「わぁ、これ美味しいわ」とセリフでも言ってくださいというように。

そんななかで『孤独のグルメ』という作品は、自分にとっても事件でした。こうした作品が受け入れられて、皆さんが面白いと言ってくださる。そして自分がその場で感じたことを信じてやってみるという態度は、僕が今後歩んでいきたい人生にも通じると思いました。自分の志向をはじめ、いろいろなことが『孤独のグルメ』をやって整理がついたと感じています。

枡野 今、松重さんがおっしゃっていることは、引き算で成り立つ禅の思想そのものじゃないですか。そして松重さんが映像の仕事をコツコツとやられてきた10年のあいだに、松重さんの「ただ、そこにいることができる」能力を見ていた誰かが確実にいらしたということです。

松重 そうですね、ありがたいことだと思います。俳優の仕事って、どんな端役でも、今の誰？　と思うことがあるんです。ちらっと出てきた看護師の役の人の演技、いいなぁと思ったら、ずっと覚えていて、いつかお仕事をしたいと思っていると出会えたりする奇跡があるんですよね。

だからこそ、つい自我を出したくなる俳優こそ、「俺が、俺が」と思わずに、所作ひとつに魂を込める。そういうことが大切だと思っています。「私を見て！」という顔をしている人よりも、本物の看護師の動きにしか見えない、「えっ、あの人、エキストラさんなの？」と聞きたくなるくらいプロフェッショナルな動きに、心を奪われていくものだから。たぶんそういうところに情熱を燃やせば、いつか誰かが拾ってくれて、ぽんっと居場所をつくってくれる可能性があると僕は思っています。実際、僕も長い下積みを経て、そうやって引き上げていただきました。

運がいいとか、悪いとか

選択基準は「自分にとって魅力的かどうか」

枡野 梅の木の話を覚えてらっしゃいますか？

松重 南風が吹く前から、ひっそり花を咲かせる準備をしていた梅の木のお話ですよね。

枡野 その梅の木は、なにも美しい花を咲かせようという欲を目的にして準備をしていたわけではありません。ただ、今、為すべきことを為すということが準備です。

もちろん進みたい方向を定めることは重要です。だって、レールをどっちに敷いていいかも分からなかったら、行く方向がめちゃくちゃになってしまいますからね。でも行きたい方向に向かって、今為すべきことをしていると、ちゃんと進んでいける。

もちろん、人生は選択の連続です。ですけれどもその時に、どっちに行ったら得かというような損得勘定を抜きにして、自分にとって魅力的かどうかを物差しにするのが、結局はその人にとっての最善の道になると思います。

逆に損得は、自分には抗いようのない時代の変化に大きく影響を受けるものです。たとえば、昭和30年代から40年代は、いい大学を出たら多くの人が「糸偏」の繊維業界に行ったものです。その後、繊維業界の景気は下降してしまいましたよね。同じようなことが、山一證券にも東芝にも言える。得をした、損をしたなんていうのは、しょせん結果の話ですから、個人で判断などできないのです。不思議なものなのですが、自分が魅力的と思うものを基準にして道を拓いていくと、だんだんと縁が結ばれていく。これは本当に不思議なものでしてね、自然に縁が開けてくるんです。

松重 運と縁とは同じようなものなのでしょうか？

枡野 よく「運がいいね」なんて言いますが、運というのは、たとえば大学を卒業して、同じゼミにいた人と、たまたまどこかでばったり会ったとする。これは「運がいい」と言います。縁ではなくて運ですね。あり得ないようなことがぽんと起きた時は「運がいい」ってことです。

一方の縁は、一度いい縁を結べば、いい方にどんどん転がっていくものです。いい縁が縁を呼ぶので、雪だるまのように転がってどんどん大きくなっていきます。それが縁が開けていくということですね。しかし逆もあるわけです。悪い縁を結んでしまうと、どんどん悪い方へ引っ張られてしまう。スタートを良くするという意味で、「縁起がいい」と言うのです。人間は思いもよらず悪い縁と関わってしまうこともありますよね。ですから日本では、そういう悪い縁を一年の最後に除夜の鐘で祓《はら》って、新しい一年をいい縁で回すために初詣に行くのです。

縁を見極める知恵

松重 自分で縁を見極める知恵のようなものはあるんでしょうか。

枡野　本人の心構えに尽きると思います。やはり日々コツコツと一生懸命生活をしていれば、松重さんがそうであったように、必ず誰かが見てくれている。瞬時にいい縁を引き寄せる魔法のようなものは、残念ながらないんじゃないかと思います。

松重　やはり、日々是修行なのですね。

枡野　そうなりますね。ですから生きている限り修行に終わりはない、この五の「牧牛」のように、牛を手なずけられるようになっても、いまだに残る煩悩の種を一つひとつなくしていく修行は続きます。少しでも慢心の気持ちが出てくれば、その時期にこそ落とし穴が待ち受けている。この5枚目の「牧牛」の絵が教えてくれていることは、安心した心の隙間に入り込んでくる雑念への警鐘とも言えるかもしれません。

30代くらいになると、仕事にも慣れてきた一方で、より責任ある仕事を任されたり、家庭を持ったりと、忙しい日々を送ることになるでしょう。それでも、考えることを止めてはいけない。表面的なものばかりに目を奪われ、考えることを止めてしまうことは、仏教でいうと修行そのものを中断するのと同じです。考えることと悩むことは別ものです。無駄に悩むことはしてはなりませんが、人間は考え続けなければいけないのです。

六 騎牛帰家

（きぎゅうきか）

——自我から解放され、
本当の自分を自分のものにする

童子が牛の背中に乗り、笛を吹いている。牛は暴れることもなく歩を進め、やがて童子は自分の家へと帰っていく。牛と童子は一体となり、「悟り」をようやく得られた。

椅子を変えてみる

演じることが「俯瞰」の目線につながった

松重 童子が牛に乗っていますねぇ。ついにこの時が来たか！ という感じです。なんだか感慨深いですよ。

枡野 童子の旅も半分を過ぎて、だいぶ牛と仲良しになったようですね。6枚目のこの絵は、童子が牛の背中に乗って、笛を吹きながら自分の家へと帰っていくところです。

松重 人馬一体ならぬ、人牛一体ですね。楽しそうだ。

枡野 もう牛が暴れることはない。「悟り」がようやく得られた状態です。

松重 自分の家に帰るということは、この旅もそろそろ終わりということなのでしょうか？

枡野 この時の帰る家というのは、もともと住んでいた場所を示すのではありません。そこは、自分が帰るべき場所。つまり、本当の自分の居場所ということになります。

これまで修行を進めるなかで、童子は多くの迷いと向き合い、格闘してきました。ですけれどもその迷いからも抜け出し、ついには、自分の居るべき場所を見つけたということでしょう。

松重 年齢に置き換えると、どのくらいだと思われますか？

枡野 40歳になった頃でしょうか。仕事にも自信が持てるようになって、自分には何ができて、何ができないのか、そういうものも見えてくる。

もちろん人生のすべてに満足しているわけではないでしょう。まだまだ上にのぼっていきたいという欲望も抱えているかもしれません。それでも、これからは視点を少し変えてみようと、そんな思いにかられる人もいるでしょうね。ひたすらにのぼり続けることをやめて、少し立ち止まってみようとする。自分の居場所を見つけた時、人はそういう心持ちになるのだと思います。

松重 僕が仏教や禅の教えに興味を持ち始めたのがちょうど40歳頃のことでした。でも悟りの境地には全然達していませんでした。もちろん、今も……。

枡野 悟りの入り口に立ったのかもしれませんよ。お話しをしていると、松重さんはご自分のことをとても俯瞰《ふかん》して見ていらっしゃる。それは、悟りにとても近い状態に見えますが。

松重 もしそうだとしたら、それは俳優という職業に関係しているのかもしれません。

枡野 と言うと？

松重 演じるということは、まず自分ではない違う人間になるわけですよね。違う人のふりをするというか。その時には、誰かを演じている向こう側へいった自分と、それを俯瞰して見ている自分がいるんです。

枡野 なるほど。第三者的に自分を観察しているのですね。

松重 はい。僕は、人間、二重人格、三重人格でもいいと思っているんです。うじうじと何かに迷っている時、ちょっと違う自分になってその迷っている自分を見てみると、意外とバカバカしく思えてくることもあるんじゃないかなと。それは、僕にとっては、ちょっと座っている椅子を変えてみる感覚なんです。

枡野 椅子を変える。とてもいい表現ですね。

松重 そうやって自分の椅子を変えてみると、ちょっと生きることが楽になる。この感覚は10代くらいからありました。楽でもあるし、何よりも面白かったんですよね。

枡野 いやあ、老成されてましたね。

松重 いえいえ、単にごっこ遊びの延長です。そんな癖がついているので、もしかしたら客観的、俯瞰的にものごとを見ることに慣れているのかもしれません。でもこのテクニック、いやテクニックと言うほどのものではないですが、迷いのなかにおられる方は、ちょっと試しに椅子を変える意識を持ってみるのをおすすめします。日本でも最近は少しずつ演劇を教育プログラムに取り入れる動きが出てきていますが、海外では結構盛んに演劇のメソッドを取り入れた授業がなされています。

僕はこの取り組みに諸手《もろて》を挙げて賛成というわけではないのですが、学芸会とか発表会レベルではなく、子どもの頃にもう少し「演じる」という経験をしてみると、違う人間が自分とは違うものの考え方や視点を持っていることが実感できるかもしれないとは思います。そうすると他者への想像力も培われるし、まず自分に戻った時に、楽になれる。

俳優の仕事や演じるということを「すごいこと」と受け取られる方が多いのですが、俳優は、ただ与えられたセリフをしゃべっているだけの存在です。そんなたいそうなことをしているわけじゃないんですよ。これは本当に、謙遜でもなんでもなくて本心です。

枡野 自分が演じる役から自分を客観的に見られるということもポイントですね。そうすると、自分の良いところや悪いところも見えてくる。先ほどもお話ししましたが、良いところはより伸ばしていけばいいし、悪いと思ったところは抑えていくように努力ができます。椅子を変える——。これはいい方法ですよ。

還暦を前に感じた壁

松重 そんな偉そうなことを言っている僕ですが、40歳の頃は閉塞感を抱えていましたね。

この六の「騎牛帰家」の段階の童子は「悟り」を得ているというのに。

枡野 きっと松重さんも、少し立ち止まってみたくなったのかもしれませんね。

松重 若い頃は、ただがむしゃらに与えられたセリフに向き合うだけでした。けれどこの頃、これから先も映画や舞台に関わっていきたいという思いには変わりがないのだけれど、どういう人に、どういう作品を届けたいのか——ふとそんなことを考えた時、何か壁を感じてしまったんです。

しかもそれくらいの時期になってくると、僕の師匠である蜷川幸雄のように厳しく言ってくれる人もいなくなってきます。現場でも「はい、OKです！」と言われるだけになってきて、「違う」と意見してくれる人も少なくなる。これがいちばんまずいぞと思ったんです。このままでいくと自分の手垢だけで、どんどん自分を肥大化させていってしまうのではないかという危機感です。実際にそういう方も見てきましたし……。そうなっちゃいかんと思ったんですね。

枡野 それで禅にその答えを求められた。

松重 はい、撮影で京都によく行くものですから、空き時間にふらりと仏像を見にいったり、お寺の庭に身を置いてみたりしていたんです。そうすると不思議と今の自分のやるべきことがクリアになっていくことに気づきました。

それから『般若心経』を読んだり、坐禅を始めたりしました。それが厄年の頃のことでしたかね。役者は「役がくる」という意味で、厄年に厄を落とさないと言うんですが、やはりその時期は年齢的に誰しも体調や精神のバランスを崩すことが多いですよね。

本当に大事なものは言葉や文字にならない

枡野 厄年というのは、人間の体の変化点なんですよ。男性ですと数えで42が厄年ですが、それまで徹夜をして仕事ができていた人も、それを続けていると、この先身体に支障をきたしますよ、だから気をつけなさいという警告です。迷信や言い伝えではなく、統計に基づいたものなのです。

松重 なるほど、一度立ち止まるというのは、そういう意味でもあるんですね。

そんなふうにして仏教や禅の考え方に少しずつ触れることで、そこからありがたいヒントをたくさんいただけました。そこから僕にとっては、禅の思考で芝居に向き合うことが、いちばん心の安定がとれる方法になっていきました。世阿弥ももしかしたらそうだったのかな、なんて思ったり。

枡野 まさに世阿弥が著した『風姿花伝《ふうしかでん》』ですね。

松重　世阿弥もまた禅の世界の方ですよね。

枡野　そうです。世阿弥も最後は曹洞禅の僧侶になりました。『風姿花伝』のなかでも世阿弥は、「本当に大事なものは言葉や文字にはならない」と言っています。それは禅宗が大切にしている「不立文字《ふりゅうもんじ》　教外別伝《きょうげべつでん》」と同じです。これは、本当のことは心から心へ、体験を通して身体でつかみ取っていくものという意味。そういう禅の教えを芸能の世界に落とし込んでいったのが世阿弥です。

松重　言葉や文字では伝えられない――。本当にそうです。実は禅と芸能の世界はとても共通点があるということなんですね。

枡野　松重さんが立ち止まった時に禅の世界に近づいていったのは、必然だったのだと思いますよ。

「禅の庭」の「余白」と、俳優の「間」

自分を縛る縄を自分で解く

枡野 仏教や禅の考え方に出会って、自我から解放されましたか？

松重 うーん。正直言って、やはりすぐには難しいなと思います。でも、自我から解放されるというのが目標というか、指針になったのは確かですね。

枡野 それは、目の置きどころが変わったということじゃないですか？ 自我が強いというのは、自分で自分を縛ってしまっているということなんですよね。それで身動きがとれなくなっている。その自分で縛っている縄を解いてあげると、多視点でひとつのものを見ることができるようになります。自由な心がついてきますから、ものごとを柔軟にとらえられるようになっていきます。私はそれが今の社会でいちばん求められることなのではないかと思っています。富士山にもいくつも登り口がありますが、頂上はひとつですよね。

松重 自我からの解放は今もって完了していないと思うのですが、禅に親しむようになってからは、過去にあまり執着することなしに新しいものに向かっていくようになりました。

新しいことを更新していくことにしか今はエネルギーを費やしていませんね。
僕らの世界は、ある程度そういう向き合い方をして新しい表現をつくっていかなければならないんじゃないかと思うんです。それに年齢とともに肉体も衰えてくるので、「あの頃のあれはよかった」なんて言い出すときりがなくなります。新しい自分をつねに更新し、その自分で何か新しい表現ができないかと考えています。

その時の自分を映し出す

枡野 禅の芸術というのは、日頃修行を重ねているなかで、そのときどきで自分がつかみ取ったものを表現することにあります。私の場合の表現は、庭園空間の作成になりますが、その時の自分を映し出せばいいわけです。

松重 あぁ、だから、枡野先生は若い時分につくられたお庭にも手を入れられたのですね。

枡野 はい、当時の庭は今の自分の表現ではなくなっていたからです。ですけれども、人間というものは、自分のつくった作品が社会的な評価を得てしまうと、次の作品はより評価されるものでなくてはならないという思いに縛られてしまう。それはどなたの仕事にも言えることですね。そうすると心が固くなって、柔軟にものごとが見られなくなってしまう。負のループです。本来は今の自分を表現することが、つくるという行為であるはずなのに。

松重『般若心経』を開いて読んでみると、何かにこだわったり、何かに執着しようとしている気持ちが取っ払われて、「立ち止まると錆びてしまう」という感覚が芽生えました。

そして禅的な世界を知ることによって「役づくり」をあまりしなくなりました。現場に行って、その場で感じることに反応しようという意識に変わっていったんです。それはドキュメンタリーに近づくことであり、そういう反応をそのままスクリーンやテレビの画面に投影するほうが、見ている人によりリアリティを感じていただけるのではないかと。今はドキュメントにどこまで近づけるか、ごく限られた材料を駆使して、あの広い空間をつくり出す「禅の庭」のような世界をどう表現するか——、そうしたことに興味が向いています。

枡野 こう見せたいとか、こういうふうに感じてもらいたいと意図すると、そこに自意識が働いてしまう。そうではなく、自分が感じたまま、考えたままをそのまま表現すると、見る側にもすっと入っていく。そういうことですか？

松重 はい。まさに、それです。

枡野 その気づきが「悟り」なのです。気づくことによって、生き方や立ち振る舞いを変えていくことが悟りなのです。少しずつであっても積み上げていくことが大切ですね。

松重 ただ、自分で「悟った」と思ったら絶対にダメだと思っています。そんな気持ちをもどんどん捨てていく。難しいことですが、それも修行だと思って自分に課しています。

枡野 「私はもう悟った」と思っている俳優さんが演じるものを見せられたら、クサくて、なんか違和感を覚えてしまいますよね。

松重 そうなんです！　そのクサさというのがいちばん嫌ですね。「やろうと思っていることが見えちゃうんだよ」などと言われるのが、俳優にとっていちばん辛いことです。

枡野 それだと見る方の想像力が働きません。

余白をつくる、作為を見せない

松重 その想像力を刺激するものの代表が、龍安寺の石庭であり、「禅の庭」だと思うんです。限られた空間で、なおかつ石と砂だけで、対面するあらゆる人の想像力をかき立てる。それも老若男女、洋の東西問わず。すごいことです。

枡野 龍安寺の石庭はたった75坪しかないんですよ。

松重 僕もそれを目指したい。もう映画でも75分でいいですよね（笑）。3時間なんて必要ない。いかに最低限の情報で見てくださる方に訴えかけるものをつくれるか。それが僕の残りの人生のテーマになっています。

枡野 ひとつそれに付け加えさせていただくとすれば、龍安寺の石庭は簡素でありながら、実によく計算されているんです。たとえばあの庭は、南西の角がいちばん高く、かしいでいます。そして築地塀《ついじべい》の高さも一定ではなく、水平ではありません。また、屋根の幅も同じに見えますが、先に行くほど細くなっています。この庭は住職が接客するための「礼の間」から眺めますので、広く奥行きがあるように感じさせるために、そんなふうに考え抜かれた工夫が凝らされています。

そして庭には15個の石で五つの石組みが配置されていますが、五石と三石のあいだには、ぎりぎりまでの「余白」をとっています。余白とは「間」のことですね。

役者さんの視点から言うとすると、それはひとつの動きから次の動きに移る「間」であり、セリフとセリフのあいだの沈黙になるのだと思います。能の世界では、能楽師はひとつの所作が止まって、次の所作に移る時の緊張した「間」、その「間」にいちばん伝えたいことを込めるといいます。「間」は所作では表せない、言葉でも表せないもの。それは、その時の体調や心の注ぎ方によって毎回違うといいます。世阿弥は、その「間」をとても大事にしていました。

庭をつくる我々は、それを「余白」と言います。見る人が、「これはなんだろう」と考えるから、そこに余韻が生まれます。この余白が、日本の芸術のもっとも大事なところだと私は考えています。そして龍安寺の石庭は、こんなにも緻密に計算しつくされていることを、一切見る人に感じさせません。

松重　クサくないわけですね。俳優にとっても「間」はとても大切な要素です。口で「間」ということは簡単ですが、それを伝えるとなると難しい。「ここ、半間遅い」「半間早い」という感覚があったとしても、「それは、0コンマ何秒ですか?」と問われても答えられません。その時の空気のなかでの「間」でもあるし、気分によっても異なるし。

枡野　まさに「不立文字」ですね。

松重　大切なことは文字や言葉にはならない——。そうか!　そうですね。

七　忘牛存人

（ぼうぎゅうぞんじん）

――悟ったことを意識しないところに真の悟りはある

自分の帰る場所に戻った童子は、すっかりくつろいでいる。絵のなかにはもう牛の姿は見えない。童子はやっとの思いで連れ帰ってきた牛のことは、きれいさっぱり忘れ去っている。

「悟り」ってなんだっけ？

すべては自分の心しだい

枡野 先ほど松重さんは「悟ったと自分で思ってはダメだ」とおっしゃいましたが、悟ったことすら忘れてしまった童子の段階がこの七の「忘牛存人」です。

松重 ええっ、忘れてしまうのですか！

枡野 はい。一生懸命に探し求め、連れ帰ってきた牛のことまで忘れてしまっています。「自分が悟った」という意識すら生まれていません。これこそが悟りの世界であるということを示しています。

松重 その境地に達するのは、いやはや、なかなか難しい。

枡野 そうですね（笑）。だからこそ修行があるのです。悟りとは何か形のあるものだと信じて追い求めてきた。ですけれども悟りとは実は姿かたちなどはありません。すなわちそれは、自分自身の心のなかにこそあるものなのです。不安や心配ごと、また欲望なども存在していません。それらは自分の心が生み出している幻想、妄想にすぎません。すべては自分の心しだいだと気づくことが、修行の最終段階です。

そしてそこに身を置いた時、童子のように心からくつろぐ時間を得ることができます。この忘牛存人は、人生でいえば50歳を超えた頃でしょうか。自分のやるべき仕事にしっかりと取り組むことができ、家庭も整った時期に当たるでしょう。会社でも無意識のうちに仕事を思うように進めることができ、家庭では自分を休める居所がしっかりと築き上げられた時期に当たると思います。すべてが自然の流れのなかで進んでいく状態です。

松重 六の「騎牛帰家」、この七の「忘牛存人」あたりが大きな山場だなぁ。ここを越えることが僕の今生でできる気がしません。でもやはり人生でここに至るという指針、目標としては置いておきたい。

枡野 牛のことをすっかり忘れてしまったということは、童子が牛と一体となったということを意味しているのでしょう。つまり、ずっとこれまで探し求めてきた牛＝本当の自分（本来の自己）と今の自分が同一になったということ。これが目標でしたよね。

松重 あぁ、無駄な体脂肪のついていない、美しい本当の自分についになれたということなのですね。そうでした、それが人生の旅、つまり修行をする目的でした。

枡野 そう、もう童子にとっては牛は必要がないということです。

松重 そして、それを忘れる。そこにも執着しない——。なんだかここが山の頂点のような気がするのですが、まだ七の段階にいる。このあとに八、九、十と続きがあるのですよね。

枡野 そのとおりです。人生の山を登りきって、山頂から見る素晴らしい景色を目にして、人は心から満足感を得ることでしょう。それぞれが自分なりの目標を達成したと思う時期です。松重さんがおっしゃるように、この七の「忘牛存人」は、人生の山の頂上を表している絵なのかもしれません。そしてここからいよいよ人生の下山の時が始まります。

松重 下山ですか。

枡野 悟りを得ることがゴールではないということです。その先にまだ続きがあるのが、この「十牛図」の機知に富んでいるところでもありますね。

松重さん、ドラマでも舞台でも、自分の演ずる役づくりを徹底的に進めていくと、本番では自分が役を演じていることすら、忘れてしまうことはありませんか。この場面でこうしよう、あの場面でこうしよう、と思っていたことすら忘れてしまい、無意識のうちに自然にそれができてしまう。もうその意識すらなくなって、気がついたらできていたという状態です。この状態がこの忘牛存人に当たるのですが、いかがですか。

松重 ありますね。現場ではそれまでやってきたことをすべて忘れるような状態にしておかないと、わざとらしさやクサさが出てしまうことがあるんですよね。家でシミュレーシヨンしたことと現場のオーダーはまったく違うこともありますし、その場、その場で自分のなかから出てくる生の反応を僕は大切にしたいタイプの役者なので、この「忘牛存人」の状態はしっかり刻んでおきたい。自分が意図したものや予期したものが入り込む余地がない、無意識にセリフが出てくるような状態じゃないと、表現ではないとも思うのです。そんなふうに、いかなる時もなれればいいのですが。

枡野 もう松重さんはできていらっしゃる気もしますが。

松重 うーん、どうしても自我が邪魔する時があります。それはお相手にもよりますね。たとえば、お相手の方にも自意識が強く出ていたりすると、そこに向き合う術《すべ》はこちらも自意識にならざるを得ない時があるんですよ。自分も自然のままではいられなくなって、「ごめんなさい、セリフが出てきませんでした」なんてことも。

枡野 そんな時は、次の八の「人牛倶忘」の段階を目指すことで、解消されるかもしれませんよ。

4章

道草を食いながら

——人生相談

枡野「十牛図」の一から七まで、童子の牛をめぐる冒険の旅を一緒に見てきましたが、いかがですか？　だいぶ理解は深まったでしょうか？

松重やはり禅の教えには、我々が生きるためのヒントが凝縮されていると思いました。せっかく日本に生まれたのだから、こうしたヒントをどんどん使っていければいいなと思います。でも、同時に自我や執着を手放すことは、時間がかかるんだろうなぁとも感じています。そして時間がかかるということも、今の僕の年齢になったからこそ分かることでもあるのだろうと。若い時分は誰しも目の前のことにさまざまに翻弄《ほんろう》されるし、悩んでしまうものですよね。

枡野たぶん、皆さんがそれぞれの段階でぶつかる悩みや迷いは、これまで繰り返しお話ししてきた「自我」の縛りを解くことで、だいぶ解決するだろうと思います。
　では少し趣向を変えて「十牛図」の八に進む前に、皆さんの具体的なお悩みを見てみませんか？

松重なんだかラジオ番組みたいになってきましたね。面白そうです。

若い頃は誰もが悩みのなかにいる

相談1　人生のレールを外れるのが怖い

中学・高校を卒業して、大学4年間、その後は就職という〝一般的〟なルートから外れることが怖い。チャレンジも大切だとは思うものの、通常ルートに戻れないのではないかという恐怖があります。（20歳、学生、女性）

枡野　私は美術大学で教鞭《きょうべん》をとっていますが、美大って本当に好きなことをやりたくて入学してくる子たちが多いんです。私が教えたひとりの女性のお話をしましょう。

彼女は、大学を受験する際、美術系の学校に行きたいと親に相談したら、美大を出ても食べてはいけないだろうから、まともな大学に行きなさいと言われて、美大受験をさせてもらえませんでした。それで彼女はある4年制の大学に進みました。しかし、大学生活最後の夏休みに彼女はまた、親にこう言ったそうです。

「ちゃんと普通の大学に通ったんだから、美大受験のために予備校に通う」と。

松重　4年たっても彼女の「やりたい」という気持ちは消えなかったんですね。

枡野 そこまでしてやりたかったんですね。彼女は牛を探す旅を着実に続けていたのです。彼女は無事合格して、大学卒業後、多摩美の1年生として入学してきました。彼女のような学生は、多摩美にはほかに何人もいます。

松重 でも、その親の敷いたレールだったはずの〝普通の大学〟での勉強も役にたったんじゃないかなぁ、きっと。それも彼女にとっては修行の道のりのひとつだったのだと思うんですが。

枡野 まさに、そうなんです。彼女が通っていたのは一橋《ひとつばし》大学の社会学部でした。今は、故郷の愛知県でご主人と一緒に建築設計事務所を経営しています。建築設計の仕事は、とくに行政がからんだりすると、たくさんの人の意見を聞いて、それを調整する力が必要になります。そうしたさまざまな声を聞いて仕事を進めていく時に、社会学部で学んだことがものすごく役にたっているそうです。建築だけ勉強してきた人に、すぐにできることではないでしょう。

松重 一橋大学を出た人が、そこからまた美大に行きたいと言ったら、周りはみんな反対しますよね、普通は。楽な道ではないから。でも楽でないほうに寄り道をする、脇道にあえて入るのは、若いうちにこそやっておいたほうがいいと僕は思っています。それがある種、若さの特権というか……。

僕も大学を卒業してから飛び込んだのは、〝蜷川幸雄〟というかなり困難な道でした(笑)。実は僕は大学時代に一緒に演劇をやっていた仲間があの三谷幸喜《みたにこうき》でして。僕は三谷さんの旗揚げ公演にも参加しているんです。だから彼と心中することもできたんですけれども、僕は蜷川さんのところへ行きました。僕は彼にそんなにすごい才能があるとは思っていなかった。彼の今の大活躍を見たら、見る目がなかったなぁと思いますよ(笑)。才能うんぬんというよりも、彼がやりたいものと僕がやりたい演劇の方向が違っていただけなんですけれどね。三谷さんは学生時代からテレビの仕事をちょこちょこ始めていたので、もし一緒にやっていたらもう少し楽な道を行くことはできたかもしれない。今や蜷川幸雄伝説自体を語るのはちょっと難しい時代になりましたが、でもそんな大変なところにあえて飛び込むという意味はすごくあったと自分では思っているんですよね。最終的にその選択をして間違ったとはまったく思っていません。

枡野 男性の教え子でも同じような子がいます。彼は上智大学の経済学部を卒業し、卒業後は銀行に勤めました。3年間、本店の融資係にいたそうです。でも、途中からこの仕事は自分には合わないと考え始めて、本当にやりたいことは何かと自分に向き合った。そうして出てきたのは、デザインをやってみたいという想いでした。彼もまた銀行を辞めて、多摩美に1年生から入学してきました。

今彼はある建築事務所の次長になっています。彼が得意としているのは、観光地のホテルや旅館の設計です。クライアントさんはほぼ融資をうけるじゃないですか。

松重　おぉ！

枡野　そうです、建築だけでなく彼は融資の助言もできるんですよ。こんなにたくさん借りちゃったら危ないですよ、とかね。それが彼の強みになっています。きっとクライアントさんからの信頼も得ていることでしょう。回り道だと思っても、何をやっても必ず血肉になります。もちろん、一生懸命向き合えばの話ですけれど。

【枡野先生からの答え】

やり直しがきかないのが人生です。悔いの残らない人生を歩むにはどのようにしたらよいか――。これは人生にとっての大きな問題です。やりたいことをせずに堅実な道を選ぶか、あるいは、不安はあっても未知なる夢に向かって一歩を歩み出すか、どちらが人生最後の時に悔いが残らないかを考えることです。

人生は一度きりであることを、今一度よく考えてみると、夢に向かって「今を生ききること」が大事でしょう。

相談2 「苦労知らず」がコンプレックス

中学、高校と私立の一貫校に通い、大学も私立。実家が特別裕福だと思ったことはないのですが、確かに、お金に苦労したという記憶もありません。大学生になってから友人に「苦労したことがなさそう……」と言われ、「世間知らず」と言われたようで若干落ち込みました（発言主の友人に悪気はなかったと思います）。苦労したことがないと、苦労した人の気持ちは分からないのでしょうか。寄り添うことはできないのでしょうか。

（20歳、学生、女性）

松重 一方で、こうした悩みを抱えている学生さんもいます。

枡野 悩みも置かれた立場でいろいろですね。どんな立場、状況でも、人間は悩む存在であるということがよく分かります。

松重 これは先ほどお話しした「椅子を変える」方法（130ページ参照）が使えると思うんですよね。

たとえば嫌な上司という悪役がいるとする。売れっ子俳優である彼女は、その役柄を演じることになった。悪役上司像を想像して、その人の視点でものを見てみようと「役づくり」をしてみる。そうすると、あぁ、こういう見方をしているんだな、だから、嫌な感じがするんだなぁというふうに置き換えて考えられるようになる。さらに悪役上司と部下のふたりを観察している同僚Aさんも登場させて、また役を入れ替えてみると第三者の視点から、ふたりの関係性を見ることができる。

枡野 役になりきる時に、「今の自分」の自我から離れることができるいい方法ですね。

松重 そんなふうに「ごっこ遊び」をしてみると、自分のなかに劇場ができるじゃないですか。そうすれば、自分でそのお芝居のストーリーを悲劇にも喜劇にも変えることができると思うんですよね。想像力を使えば、人間関係やこじれがちな親との関係も、なんとかなっていくかもしれない。実際に経験していなくても、想像力でいろんな問題の解決策を見つけることはできると思うのです。

【松重さんからの答え】

想像すればいいんだと思いますよ。境遇や環境、貧困や飢餓、そして有事や戦争。その状況に置かれた自分を想像してみることです。ニュース映像やドキュメンタリー、物語や映画などに触れて、追体験することによって、時代や国境を超えた、あらゆる境遇の人に寄り添うことができます。実体験として自分の恵まれた境遇を恥じる必要はまったくありません。

僕ら俳優という職業は、ある意味この置き換えという作業を日夜繰り返しています。戦国時代の農民にも、紛争国の宰相にも。それを見た人がまた、そこに寄り添えるように。イマジンです。

相談3 褒められたい、認められたいけれど、自分の作風も貫きたい

趣味でイラストを描いてSNSで発表しています。自分の好きな作風を貫きたいのですが、そうするとフォロワーの反応が悪い気がします。「いいね！」とかコメントなど、反応も欲しいのです。好きな作風は諦め、受けがいい絵を描き続けなければならないのも苦痛です。

（20歳、学生、女性）

松重 これは先ほど四「得牛」でお話しした「人から良く見られたい病」ですね。

枡野 まさに、ずばりのお悩みです。これも松重さんの「椅子を変える」テクニックをうまく使えると思いますよ。

松重 ほぉ。

枡野 椅子を変えて、自分の作品を見てみたらどうでしょうかね。

松重 自分で自分の作品を客観的に見るということですね。

枡野 そうです。そうすれば自分が視点を変えて、自分で評価しているということになる。それは他人の目を通しているわけではなく、自分の目を通しているんですから確かです。自分軸はブレることがありません。

松重 なるほど、表現するのも自分、評価するのも自分。それであれば、他人の「受け」からは距離を置くことができますね。

枡野 ところで、松重さんは俳優さんとしていろいろな役のオファーがあると思いますが、それはすべて100パーセント納得して引き受けられているのですか？

松重 すべて折り合いをつけています（笑）。

枡野 ということは……。

松重 もちろんすべて100パーセント納得なんてことはありません。というか、僕は俳優という仕事を請け負っていて、作品を撮るのは監督さんです。監督さんに「はいＯＫ」と言われたら僕らの仕事は終わりです。正直言って、僕ら自身が芝居を納得するまで撮ってもらうことはあり得ません。

　例えば相手役のセリフを聞いて「え、なんで？」と返すとする。「え」と「なんで」のあいだに「間」が必要だなと考えて演じても、編集の段階でその「間」をつままれる場合だってあります。僕は現場で「え……なんで？」と演じても、最終的にスクリーンやテレビの画面で皆さんが見る時には「え、なんで?」となっていることがあるんです。でも、それにいちいち傷ついていたら、仕事になりません。もちろん怒る方もなかにはいますよ。なんであんな編集をするのかと。けれども、それは監督の選択であり監督の仕事です。そして作品全体を統括する監督が、僕が思っていた「間」より短い「間」のほうがいいと思ったのであれば、それが正解なんですよね。最後に見てくださるお客さんが作品として良かったと思ってくれればそれでよし。だから「これでOK」と言われれば、それで〞納品〟は終わりです。

枡野 「納品」という言葉を使われるんですね。

松重 使うのは僕ぐらいだと思います(笑)。それが僕としていちばんやりやすい方法だからですかね。

枡野 それは自分の表現に固執する自我が捨てられているからですよ。そしてやはり自分の表現に自信があるのだと思います。煮てくれても焼いてくれてもいいですよ、どう見られても大丈夫という、他人の評価に依存しない自信が。

松重 俳優の仕事というのは、すべてを任されているセクションではないんです。作品は監督を筆頭にみんなでつくり上げるもので、僕らはある意味、歯車のひとつ。それなのに自我を発動させてしまうと、なんで自分がやりたいリアクションをやらせてくれないんだ!

なんていうおかしな文句をつけることになってしまいます。

枡野　「歯車」というと、悪い例えに使われがちですが、たくさんの歯車が合わさって、ひとつの作品が出来上がる醍醐味がありますものね。

松重　一方で、どんな作品を皆さんに届けるかを考えるディレクションやプロデュースの側に回った時にはどうしても、視聴率がダメだったら、全然お客さんがついてこなかったらどうしようという不安とも闘わなければいけないというのは僕もよく分かります。

僕はようやくこの年齢になってそういうことも始めたところですが、企画した作品を世間にお見せした時に面白いとか、明日からまた頑張ろうと思ったとか言ってもらえたら嬉しい。そうすると皆さんの協力も必要ですし、理解も得られないといけないし、スポンサーのこともあるし……。それはやはりこの歳になっても悩みますね。

枡野　松重さんはおそらくもう牛は捕まえているんですよ。どういう演技をしたらいいか、どういう演技が見ている方の心をつかむかはもう分かっておられる。ですけれどもまた違った立場で作品づくりに関わろうとされるわけですから、新たな段階での自我の手放し方はきっとご自分でまた模索されていくんでしょうね。

松重　やはり、修行の道は長いですなぁ。

枡野　どんな世界でもそうですが、すべてつくり手のせいではないと思うのですよ。「龍安寺の石庭は、見る者の力量が問われる恐ろしい庭」と申し上げたのを覚えていらっしゃいますか？

松重 はい。

枡野 それと同じです。庭だって、映像作品だって、本であったとしても、見る人の力量によって、評価が変わるわけです。何かをつくる際には、どんな人たちの心に届けたいかという設定はとても大切。たとえば全員に届くようにと、そこだけに重点を置いてしまうと、汎用性は高くなる一方、薄く浅くなってしまうこともありますよね。

松重 そのお話をうかがっていて、暴れているのは自分の牛だけかと思っていたら、世間の牛もそうなんじゃないかと思えてきました。しかもSNSの普及によって、世間に放たれているたくさんの牛が全部手綱でつながっている気配も感じます。作品を発表するということは、そうした世間の牛たちと手綱で結ばれちゃうことでもあるのかもしれませんね。スマホによって自分の牛以外の世界中の牛の姿が自分のてのひらのなかで見えてしまう。ちょっとゾッとします。ゾッとしますが、その世界で自分も呼吸をしているわけだから、うまく付き合っていくしかない。

枡野 たぶんですね、ほかの牛の手綱を自分が握る必要はないんです。ほかの牛まで自分がコントロールする必要はないですから。たとえば、私がひとつの点だとします。松重さんという点があって、ここにお悩みを寄せてくださった方々の点もある。そうしたものが全部つながって、ひとつの輪、世界になっている。そのどれかひとつが抜けても輪はこわれてしまいます。つながりを守ろうとするのではなく、私が存在することでこの輪が成り立っていると考えれば、スマホやSNSをめぐる問題に対してもだいぶ気持ちが変わってきませんか。私がいることで、結果として輪がつながっている。つなげるためにと思うとプレッシャーがかかりますから。

松重 スマホから見えてくる無数の大衆やさまざまな人たちの意見を考える瞬間はあってもいいけれど、ずっと考えているとどんどんそれにとらわれて、からめとられてしまう。次の瞬間には、それを忘れてしまえるといいですね。

枡野 そうですね。スマホの情報を見ることは決して悪いことではないのですが、見ても、あぁ、そうか、そうか、そういう考え方もあるよね、とぽんと後ろに置く癖をつけるといいですね。そういう「割り切り」も禅的な生き方のひとつです。先ほど松重さんがおっしゃった「折り合いをつける」というのも、そうした生き方ゆえの姿勢だと思いますよ。

【枡野先生からの答え】

自分の納得する絵を描くか、もしくはSNSでの反応が良いものを描くか、絵は周囲からの反応を得るために描くのではありません。自分の感じたことの表現として、絵を描くのではないでしょうか。絵は自分自身の表現です。他人からの良い反応を得るために描くのは本末転倒と言えましょう。

他人からの評価はあとから自然についてくるもので、気にする必要はありません。わが道を突き進んでください。

人付き合いは永遠のテーマ

相談4　苦手な人と距離がつめられず疎遠に

人となんとなく関係がうまくいかなかった時に、「相手は私のことをこう思っているはず」と勝手に最悪の想像をして相手を避け、自分から疎遠になってしまいます。もう少し歩み寄って話してみれば、誤解も解けて仲良くなれるのかもしれないのですが、なんとなく面倒くさくなって手放してしまいます。実際に、あとから自分の思い込みにすぎなかったということもあります。

（40代、会社員、女性）

松重　「割り切る」というのは、人間関係にもじゃんじゃん使っていきたい考え方ですね。枡野先生からのお墨付きをいただいたと思って。

枡野　どうぞ、どうぞ。禅の考え方ですから、どんどん使ってください（笑）。

松重　では、自信を持って、このお悩みには僕がお答えいたします！

【松重さんからの答え】

子どもの頃はすべての人と仲良くなれるものだと思っていたし、そうあるべきだと考えていました。結果、苦手な人の存在につねに悩み苦しむわけです。逃げ場のない学校なんかは地獄でした。社会に出てもそれは永遠の課題です。僕だけの答えをお教えしますと、逃げます、避けます、そして切ります。苦悩する時間さえも無駄に思えるからです。縁あって遠ざけられない関係性であれば、精神的な距離をとります。疎遠になったのであればそういう縁だったのだと割り切ります。

相談5　コロナで気づいたらひとりぼっち

現在大学3年生です。大学入学時からコロナ禍がスタートし、私の学部、学科はリモート授業が中心でした。リモートではなかなか友だちができなかったので、対面授業がようやく始まった今年こそは……と思って大学へ。さまざまな学科が混じる中規模（30名程度）の授業で教室に入ったら、私以外はみんな友だち同士でおしゃべりしていました。すでにほかの学科は昨年から対面授業が始まっていたようです。出遅れた……と焦る一方、声をかけて微妙な雰囲気になるのも嫌だし、ここで、無理して友だちをつくって何になるのかという思いもあります。かと言って1年間ぽつんと過ごすのも「あの子は友だちがいない」と思われそうで不安です。（20歳、学生、女性）

枡野　このコロナ禍は、若い方々から貴重な時間をたくさん奪ってしまいましたよね。マイナスをプラスに転じて考えるのが禅的な思考ですが、だからといって新型コロナウイルスをなかったものとして考えることは難しい。

松重　僕らのようにある程度、年齢がいった人間は、この時間にふだんできないことをするぞ！　と思えるかもしれませんが、このコロナ禍でこの学生さんと同じように辛い思いをしてきた若者がたくさんいたと想像すると、いたたまれない。

枡野　本当にそうですね。この悩みにはふたつの要素があります。自分の力で変えられるものと変えられないものが混じっていると思うのです。まずは、変えられるものからいきましょうか。

変えられるのは自分の行動だけです。「今年こそは……と思って大学へ」行ったのであれば、「禅即行」あるのみです。友だちをつくりたいと思った気持ちのままにまずは行動してみる。その後、もし「声をかけて微妙な雰囲気になったら」、またその時に考えればいい。

松重 雨が降ってきてザルを持っていったお坊さんのお話でしたね。

枡野 そうです。そうやって、行動してダメだったら、また次、また次と自分が変化していけば、気づけば状況もそれに応じて変化しているはずです。

松重 今の若い子たちは気の毒だと思うぐらい素直でいい子たちです。僕らの頃は教師や親に反抗するところから自分を揺さぶって、何か出してくることがあったんですけれども、今はそれを奪われてしまっているような若者も少なくないと思いながら見ています。もっと反抗してもいいんだよ、もっと不安があったら正直に出したらいいんだよ、と思います。全部自分の内にこもって、自分のせいだとか、自分ができていないからと、いい子すぎる。けれども同時に年寄りがこんなことを言って若い子にハッパをかけて、よりプレッシャーを与えてしまうのも嫌なんですよね。「マイナスをプラスに転じて考えて！ もっと反骨心を持って」とか大人が言いっぱなしだと、彼らは内なる声をより出せなくなってしまう気もします。若者たちのガードが固くなっているからこそ、とことんまでその声を聞いて聞いて、聞いていける大人になりたいと思うんですよねぇ。

枡野 聞くほうの大人も、答えを出さなくちゃとか、導いてあげなくちゃとあまり肩に力を込めないほうがいいですよね。若者たちは声に出して話す、そして聞くほうは耳を傾けてその声を聞く。答えを出すのではなく、そんな、ただ話す時間が持てればいいのですが。

松重 枡野先生がおっしゃるように、自分の行動は変えられる。一方でコロナ禍は、自分たちの力でどうこうできる範疇を超えているものでもありました。

枡野 時代という大波は、なかなか個人の力だけで抗えるものではありません。たとえば、戦争もそうですし、コロナ禍以前にもバブル崩壊や就職氷河期、リーマンショックなど、さまざまな困難な時代がありました。

江戸時代の曹洞宗の僧侶・良寛《りょうかん》さんの言葉に「災難に遭う時節には災難に遭うがよく候《そうろう》 死ぬる時節には死ぬがよく候」というのがあります。これは良寛さんが、大地震に遭い、子どもを亡くした友人に送った手紙の最後に添えられた一文です。

「災難に遭う時には災難に遭い、死ぬ時には死ぬしかない」——一見辛辣な言葉のようにもとれますが、これほど温かい言葉もないと思います。地震などの天変地異は、人の力でどうこうすることができないものです。それならば、もうそれを正面から受け入れて、次に行動していくしかない。良寛さんは、友人に最大の励ましの言葉を送ったのです。

松重 振り返って悶々と思い悩んでいても地震はなかったものにはならない。この良寛さんの言葉が「希望の言葉」として聞こえるような、そんなしなやかな生き方ができるといいなぁと思います。

【枡野先生からの答え】

大学では学部や学科によって新型コロナへの対応が異なります。それは実験や制作、創作活動などリモートではできない内容を扱う学科や学部は、早い段階から対面に移行したからです。一方で文系ではリモート授業がかなり長い間継続されました。そのため学科をまたいだような授業では、差が出てしまいました。

そこで、このような場合には黙っているのではなく、「私は今回初めて対面授業に出席をしました。これまでリモートですから友だちもなく、対面での内容もよく分からないので、よろしくお願いします」と皆に大きな声で言ってしまうことです。

大人だって悩んでいる

相談6 年のとり方が分からない

年のとり方が分かりません。結婚はしていますが子どもがいないせいか、20代、30代、40代となんの立場の変化もなく、心持ちも変わっていません。子どもがいて、父親の役割があればもう少し成熟したのかとか考えてしまいます。お小遣いが足りないとかそういう切実な悩みでなくてすみません。
（47歳、会社員、男性）

枡野　私たちは波が岸に寄せるがごとく、一日一日、歳を重ねていきます。これは皆、平等なのです。平等なんですけれども、自分に押し寄せてくる一日一日に対して、どれだけ真剣に立ち向かうかどうかは人によって変わってきます。斜に構えてかわしていく人と、正面から受け止めていく人とには、どうしても少しずつ差が出てくる。

私たちはこの世に生まれた時、皆、一糸まとわぬ裸の姿で生まれてきて、何も持っていません。その後年齢を重ねるにつれて、物だの役割だのを所有するようになりますが、また旅立つ時にはそれを何ひとつ持っていくことはできない。それでも、人生の最後に「あぁ、自分の人生は充実した人生だったな」という満足感を得るか、あるいは「あれもしたかったし、これもしたかった」という悔いを残すか、これがこれまでの一日一日に対する向き合い方の差となります。

松重　このお悩みの主は、年のとり方が分からないというよりは、自分が子どもの頃に想像していた40代というのはもっと大人だったという気持ちを抱えているように思えますね。

枡野 自分がその年齢に達してみたら全然違うと。でも、みんなそういうものですよね。自分が子どもだった頃に見ていた40歳の人はなんでも経験しているし、ものすごい人たちだと子どもの目には映っていた。しかし自分がなったら、あれもまだだし、これも中途半端だしと思ってしまう。それは本人にしか分からないものです。一方で40歳だから遅いとか、もう45歳だからできないというのではなく、思った時が吉日。そう思ったらすぐに始める。そうすれば3年、5年とやっていくうちに、どんどん身について自分のものになっていきます。

松重 年齢を基準にしたパブリックイメージって確かにありますよね。たとえば僕が会社の社長の役をもらうとすると、「この人は何歳です」と年齢が設定されていたりします。それは自分の実年齢と同じかもしれないし、少し若かったり、少し年上だったりもする。それに応じて、一般的にはこういう年齢だったら髪は白いなとか、ある程度その風貌なりを自分でコントロールするわけです。見る人に分かりやすいようにパブリックイメージに近づけるわけですよね。

でも実生活においては、年齢のパブリックイメージに自分を完全に当てはめる必要はないと思うんです。たとえば97歳になった時、「いやぁ、97歳にはとても見えないくらいお元気ですね」という人になれたら、理想じゃないですか。朝ドラの『カムカムエヴリバディ』で深津絵里《ふかつえり》さんは、実年齢よりも30歳近く年下の役も軽々と演じられていて、なんの違和感もありませんでした。本当に素晴らしい俳優さんです。だから、「年齢っていったいなんなんだろう?」と思います。自分の年齢に対して恥じることもないし、いきがることもない。年齢というものは単なる記号で、その境界が分からないというスタンスでいられることのほうが僕はいいなと思うんです。

成長が遅い子だっているし、早い子だっている。年齢による呪縛なんて、これからはますます必要ない時代になっていくんじゃないかなと。

枡野 そうですね、そうなっていきますよ。

松重 だから学校も学年で切らずに、成長が早い人はどんどん先にいってもいいんじゃないかと思います。反対に僕はもうちょっと下で頑張ってみるよっていう人がいてもいいと思うし。年齢というのはただの数字でしかなくなるような、そんな時代になればいいですよね。

枡野 この方も自分の一日一日に真摯《しんし》に向き合っていかれれば、そのうち年齢なんて気にならなくなりますよ。

松重 「あれ? 俺いくつになったんだっけ?」なんて言える生き方も素敵ですよね。

相談7　管理職はイヤ！　現場で活躍し続けたい

贅沢な悩みと言われそうですが、会社から「そろそろ年齢的にも立場的にも管理職に」と打診されています。正直なところ、管理職の仕事は、上からも部下からもつき上げられ、取引先とのコミュニケーション（クレーム対応）に明け暮れる仕事です。残業代ももちろんつかないので苦労が多くて、身入りはこれまでより少ない気がしています。中間管理職で汲々《きゅうきゅう》とするよりはもう少し現場にいたい。自分がプレーヤーとして活躍したい、しきれなかったと思う気持ちもあります。このまま終わってよいのか悩んでいます。

（49歳、会社員、男性）

松重　年齢が上がると、それなりのポジションに立たなくてはならずに苦しむ人もいるようです。

枡野　現場が好きな人が現場から離れて管理職になることに寂しい気持ちを抱くのはよく分かります。一方で組織としては、優秀な人材にはぜひ次世代を育ててほしい、後輩の指導に当たってほしいと願うものです。ここはこれまでの経験をしっかりと活かして、後輩の指導に采配を振るってみたらどうでしょう。それもまた新しい経験。きっとその新しいステージで、これまでと異なった楽しみも生まれてくるはずです。松重さんは、後輩の俳優さんたちに何かアドバイスされることはありますか？

松重 聞かれたことに真摯に答えようとは心がけていますが、何かを具体的に指導するようなことはありませんね。たとえば俳優志望の若者が10人いたら、全員に同じことをアドバイスはできないじゃないですか。みんなキャラクターは違うし、それぞれのやり方があるわけで。

また朝ドラの『カムカムエヴリバディ』の話になってしまいますが、ドラマのなかで、僕が演じる大部屋俳優が後輩の若手俳優と一緒に道場を掃除するシーンがありました。劇中の若手俳優は、先輩がいつも黙々と掃除をしている意味をまだちゃんと理解していないと思うんです。でも、なぜか若手も一緒になって掃除をしてしまう。掃除をしながら先輩俳優に何かを問いかけても、ただ掃除をしているだけで答えてくれない。

枡野 でも確実にその行為を通して何か伝わっていますね。

松重 ええ、そういうシーンなんです。上司と部下の関係だって、いろいろなかたちがあっていいと思うんですよね。管理職とプレイヤーの二刀流ができる方法を編み出すこともできるかもしれないし。

枡野 ここぞという時には部下について現場に行って、部下に見本を見せる管理職がいたっていい。ご質問者の方らしい仕事の仕方をこれから見つけていけばよいのだと思いますよ。

相談8　才能のない自分、このままでいいのか

30歳を過ぎてフリーランスで現在の仕事を始めてから15年、なんとか生活できるようになりました。大きな仕事が入ることもあるのですが、そのたびにプレッシャーで鬱っぽくなります。自分の仕事の結果に満足できたことはありません。自分のような才能のない人間が今の仕事を続けてもいいのか、やめたほうがいいのではないか、と思いながら、今からまったく別の仕事をする勇気もありません。

自分の能力の限界が分かってしまい、求められていることに応えることができないのが辛いです。どうしたらいいでしょうか。

（53歳、フリーランス、男性）

松重　僕も自分がなぜ役者の仕事をしているのか、本当にこれが本来の自分なのかどうか、今もってよく分かっていないところがあります。とりあえず60歳まで俳優としてやってきたけれど、本当にやりたいことってなんなのかと、もう1回見つめ直さなければとも思っています。

枡野　今も一の「尋牛」にいるのかもしれないと思われることがあるということですか？

松重 そうかもしれない、と思う瞬間があります。いつのタイミングでも「今、『十牛図』のどこ?」という感覚があるんです。

枡野 「十牛図」で童子は少しずつ歩みを進めていきます。そしてひとつクリアしたと思っても、また次々と迷いや執着が現れます。だから自分の「今日の」能力の限界は分かっているかもしれないけれど、「明日の」能力の限界はまだ自分でも分からない。本当の自分を探す旅をやめない限り、今日と明日の自分は違っていくはずです。ですから、自分の能力は自分でも未知数だと思います。

【松重さんからのお答え】

このお悩みを読んで、そっくりそのまま僕自身の悩みとしてここに掲載してもおかしくないと思いました。

「30代半ばで映像の世界に来て職業俳優となり25年以上が経ちました。自分に才能があると思ったことなど皆無です。」以下同文。

しかし最後の2行だけちょっと変えさせてください。

「自分の能力の限界は分かっていますが、求められることに応えられるよう、騙し騙し手を変え品を変え、精一杯工夫してお見せできれば幸いです。」

近いからこそ家族との付き合い方は難しい

相談9　夫の実家の墓に入りたくない

結婚して20年が経ちます。夫婦仲は特別悪くはありません。ただ夫の実家の墓に入るのは抵抗があります。きっかけは、結婚後数年で、私にひと言の相談もなく戒名《かいみょう》を用意されていたことだったように思います。まとめていくつかいただくと安くなるからついでに……と説明されましたが、戒名をいただくことを含めて、私の意思確認がないことに愕然としました。夫に戒名や墓について訴えても、「死んでからのことなんて自分は分からないんだからいいじゃない」と若干面倒くさそうな対応です。墓に入らないための手段として離婚も考えていますが、いざ実行しようとすると、ハレーションが大きくためらってしまいます。実際に、お墓のことをちらっと娘に伝えたら、「そういう考え方は分かるけど、（親戚に）お母さんが変わり者だと思われるのが辛い」と言われてしまいました。

（40代、会社員、女性）

枡野　このお悩み、驚きました。

松重 ドラマの1シーンになりそうです。夫の実家に行ったらすでに戒名が用意されていた……とは。

枡野 これはかなり珍しいパターンですね。まず、生前戒名を考える時、その方に会わないで考えるというのは本来はあり得ないことなんですが……。安名授与《あんみょうじゅよ》と言って、私の場合ご本人のお生まれから、人となりを1時間以上はうかがうんです。自分で思う自分の性格だとか、趣味だとか、こんな人生を過ごしてきましたとか。それがにじみ出るようなご戒名を考えるものなのですが……。

松重 なるほど。大切なものですものね。

枡野 私の場合は2案考えます。それぞれの意味をご説明して、そのなかからご本人に選んでいただきます。なかには、ふたつのうちの、いいとこ取りをしたいとおっしゃる方もおられます。

松重 亡くなられた方の戒名はどうされるのですか?

枡野 その場合は、お子さんなど近しい方からうかがって考えます。ご戒名というものは、その人の人生がにじみ出ていなければならないからです。ですから「ついでにつけておいた」とか、「家族まとめて」ということに驚きました。

松重 この戒名騒動がきっかけということですが、夫婦仲は悪くないんですよね。でも墓に入りたくない気持ち、墓問題はどう考えればいいんでしょうねぇ。

枡野 お墓の問題は最近ますます多様化してきています。たしかに夫婦仲は悪くないけれど、その親とはうまくいっていなかったから一緒の墓に入りたくないという声も聞くようになりました。

それでも、まずはちょっと考えてみてくださいとお話しします。子どもがお墓参りをしてくれる時、父親のお墓はこっちで、母親のお墓はあっちとなったら、ちょっとおかしいでしょうと。ここにくれば、両親も、そしてその前のご先祖様にも会えると思うからお参りしにくるわけですよね。そこはよく考えて、でもご自分で答えを出してくださいと言います。本当にそれがいいと思ったら、ご本人の選択にお任せするようにしています。

松重 お墓って誰のためのものなんでしょうかね。

枡野 それは、ふたつありますね。自分の生き様を残しておくためのものでもあるし、もうひとつは、ご先祖様に会うための子孫のためのものでもあります。

仏教では人は2度死ぬと言います。1度目の死は、物理的に息を引き取った時。そして2度目は残された人たちのなかから存在が消えた時、忘れ去られた時です。そういう意味で言えば、歴史上に名が刻まれている方々は、ずっと人の心のなかに残っていて、死んでいない。お釈迦様にしても、モハメッドさんにしても、キリストさんにしても、みんなそうですよね。生き続けています。

松重 と言うことは、このお悩みの主も、自我の問題になりますか。子孫のことを考えずに、やはり「自分が、自分が」と考えてしまっている。

枡野 そうですね。もう一度、自我から離れてみて、考えてみられたらどうでしょうか。でも、たしかに変な話ではあるのですが……。

松重 面白いといってはなんですが、ドラマのシノプシス（あらすじ）になりそうだなと僕が気になったお悩みがもうひとつあります。

相談10 困った父親と女性陣との板挟みで

高齢の両親のことで困っています。母は2年前から施設に入り、父は実家でひとり暮らしをしています。ここ最近、母は認知症も進み、話すこともしだいに困難になってきました。もうあまり時間はないと思っています。

施設には、私、私の妻、私の姉が足を運んでいますが、父は絶対に行こうとしません。妻と姉は、なんとか父に面会を勧めますが、頑として首を縦に振りません。さらに父から、身のまわりの世話をしてくれる女性はいないだろうか、という発言まで飛び出し、妻と姉は怒るやら、あきれるやら。私自身は、正直、父の言うことも分からなくはない。仲が悪い両親ではなかったので、妻も姉もそうしたクールな対応の父のことを理解できずにいるようです。妻と姉の言いたいことも分かるので、あいだに挟まれ、いったいどうしたものかと考えあぐねています。（50代、フリーランス、男性）

枡野　すごいですねぇ。

松重　いや、もうこれがドラマだったら、かなり面白くつくれるなぁなんて思ってしまいました。登場人物のリアクションがそれぞれなので、演じるうえで、いちばん面白いだろうなと。

「なんてこと言うのお父さん！」って言う娘がいたと思えば、「いや、分からんでもないな」という息子がいたり……。僕は役者脳で見てしまうので、真剣に悩んでいらっしゃったら申し訳ないのですが、でも自分が「考えあぐねている」こと自体を面白がっちゃったらダメですかねぇ。「ちょっと聞いてよ、うちのオヤジがさぁ」と面白話にしてしまう。

枡野　他人は自分と同じ考えであるべきという、「べき」が基本的にあると縛られてしまうんですよね。もしかしたらお母さんも実はお父さんに会いたくないかもしれない。お母さんがどう思っているかは推測かもしれないし、会いたいはず、会わせてあげるべきと考えると辛くなります。

松重 ドラマだったら、ものすごく感動的になるような伏線を張るわけですよ。けれども現実はそうでないかもしれませんよね。でもこういう悩みを素直にぽろっと言える相談者さん自体、素敵だなぁって僕なんかは思ってしまいました。

人生長く生きてくると、一般的なステレオタイプの漠然とした理想の家族のかたちではなく、ものすごく具体的な個々の特殊性が出てきますよね。そういう特殊性をも許容していくことが人生なんだなぁと思います。角が生えてきたり、棘《とげ》が出てきたり、こんな小さな袋には収まり切らないよという人生になっていくわけで、それを大変だと思って悲しむか、面白いと思って楽しむか。なんだかこの相談者の方は後者のような気配がします（笑）。

相談11 年をとっても子どもの世話になりたくない

子どもに迷惑をかけたくないのに、老齢になり、介護やら世話にならなくてはいけないのが、申し訳なくて不甲斐ないです。頼り方がよく分かりません。と、おそらく80代の親はこう考えていると想像しています。こういうふうに思っている親に子どもの私が何かしてあげられることはないでしょうか。

（50代、フリーランス、女性）

枡野　ひと昔前は、子どもに世話になるのが当たり前の時代でした。しかし、近頃は、子どもに迷惑をかけたくないという人がものすごく増えています。

松重　実はうちも階下に僕の母親が住んでいますが、うちの母も子どもの迷惑になりたくないと言っています。それで、ちょっと熱を出して具合が悪かったり、転んで青たんをつくったりしても、僕に黙っているものだから、それで喧嘩になることもあります。「なんで言わないの！」って。そう言いながらも、彼女の気持ちも分かるんですよね。

枡野　そうですね。でもまったく人に迷惑をかけないで生きることはやはり人間難しいんですよ。いくら国が介護の制度を用意したとしても、家族は家族なりの立場で親に対してやらなくてはならないこと、そしてやりたいという気持ちがあります。

松重　えぇ、そうですよね。でも年を重ねていくごとに、「自分はこうしなくちゃ」「ちゃんとしなくちゃ」というタガが少しずつ外れてくるんじゃないかな、とも思います。いい意味でボケていくから。そんなふうにして

「あんたに言ってもしょうがないからさ」

「しょうがないからさ、じゃないんだよ。もう言わなきゃダメでしょ〜」

なんて、刺々《とげとげ》しさが消えて、折り合いがついていくこともあるんじゃないか、いや、家

族の関係はその折り合いしかないんじゃないかとも思います。

枡野 たとえば戦前の教育を受けた人と今の時代の人とでは歴然とした価値観の違いがありますよね。親子の問題は、この価値観の差から生まれることが少なくありません。

松重 あります、あります。

枡野 それでも親子の関係は切れないわけじゃないですか。つい「今は違う時代なんだよ！」と言ってしまいがちですが、そうではなく「昔はこういうふうに考えたんだねぇ」と一回認めたうえで、「今はこんなふうに時代が変わってきているんだよね」と説明をする。たぶんそれでも理解できないことがたくさんあると思います。それでも一度相手に受け入れてもらえたと感じた人は、心が開くんです。同じ価値観を持つことができなかったとしても、心を開いて対話できるようになります。これが折り合いをつける際のポイントですね。

松重 世の中は本当に折り合いをつけなくてはならないことがたくさんあって、社会というものはそんな塊のような気もしますよね。僕の場合は、もう喜劇にしてしまえ！とか面白がってしまいますが、たとえば、その折り合いのまわりにどうしてもモヤモヤという気持ちがつきまとっている人も多いんじゃないかと思うのですが、そのモヤモヤはどうしたらいいですかねぇ。

枡野　そのモヤモヤは、私の今までの経験からすると、私のことを理解してもらえないという気持ちから生じることが多いように思います。それでも、考えてみれば、親子や家族、夫婦、さらに社会生活のなかで出会う人たち同士が、100パーセント理解し合えるなんてあり得ないということを大前提にしないといけない。たとえば青森生まれの人と鹿児島生まれの人が夫婦になったら、これまで育ってきた場所も食べてきたものも違うのだから、ほかにも色々なことが違うはずですよね。そのなかで、6割共有できることがあれば御の字と思ったほうがいい。残りの4割はもう違ってて当たり前なんです。悩んでも解決しないことは、残念ながらこの世の中にたくさんあります。それを引きずったところで解決しないのだから、もうそれは折り合いをつけて、置いていくしかない。

松重　解決できない悩みを抱えている、モヤモヤな気持ちもある。そんな時こそ掃除じゃないですか？　枡野先生！　たとえば廊下をきれいに磨いている瞬間はそうしたモヤモヤを忘れていられる。そしてピカピカになった廊下を見れば、その瞬間は気持ちもすごくクリアになるじゃないですか。悩んでいる時間をいたずらに延長して過ごすんじゃなくて、よし、今から掃除！　今から草むしり！　と切り替えて、自分の気持ちの置きどころを変えてやるしかないかなぁと思います。

枡野　えぇ、えぇ、そのとおりですね。人間というものは、時間に余裕ができると悩みごとをつい考えてしまうし、つくり出してしまうんですよね。それにとらわれてしまうのです。ところが今やらなければいけないことがあって、それに集中しろと言われたら悩んでいる暇なんてなくなります。そのうちに「あれ？ なんだったっけ？」なんて、忘れてしまうものですよ。掃除や草むしりは最高です。そこに集中できますから。

松重 そんなことをしているうちに、解決できる機会やタイミングが自分が感知していないところからぽんと来るようなこともありますよね、きっと。

枡野 あります、あります。目の前の為すべきことをやって積み上げていくと、解決できる条件が整うことがあるんですよ。あぁ、こういう条件が揃ったから解決できる！ とぱーんと開かれることが確実にあります。

悩みのラスボスはやはり自分

相談12 頑張りが長続きしない

早起きしようとか、英語の勉強を頑張ろうとか、最初は、よし頑張ろう！ と始めるのに、全然続きません。しばらくたつと、「今度こそ頑張ろう！」と思ってまたリスタートするのに、やはり続かない。これを繰り返している自分に嫌気がさします。それなら、初めからやろうとしなければいい！　と思うのに、またやってみたくなる、努力をしてみたくなるのです。

（30代、俳優、女性）

松重　さて、最後のお悩みです。この方は、一生懸命、自分と闘っていますねぇ。

枡野「怠けたい自分」VS「頑張りたい自分」ですね。これぞ人生です。どんどんやれ！と思います。でも、この悩みはとてもいいですね。なぜなら、またやってみたくなる、努力をしてみたくなる、と思っているということは、斜に構えず、真正面から自分自身に向き合っているからです。

松重　これまでお話ししてくださった「体脂肪＝我欲にまみれた自分」と「本当の自分」との闘いというわけですね。

枡野　そうです。こうして本当の自分との対話を深めていけば、いずれ、心の余分な体脂肪はきれいに落ちて、生まれた時の美しい珠のような本当の自分とひとつになれるはずです。闘いではなく対話と思ってみるといいかもしれませんね。そうすれば、きっとそう遅くない時期に「本当の自分」の声が聞こえてくると思いますよ。

【松重さんからの答え】

僕も昔はあらゆることを頑張ろうとして、結果、長続きしないことの繰り返しでした。そんな自分に嫌気がさして頑張ることすら放棄してしまおうと思っていました。でも改めて考えると、俳優という職業だけは還暦まで続いています。しかし特別頑張ってきたわけではありません。面白がれる部分があったからにほかならないという気がします。頑張って来る日も来る日もやってみた、でも結果面白がれる要素がなければ飽きちゃいます。早起きや英語の学習に、どこかで面白がれる要素が見つかれば長続きしたんじゃないですか。頑張るよりも自分の面白要素をくすぐってみてください。

5章

再び街へ出かけよう

「十牛図」八～十

八 人牛倶忘（じんぎゅうぐぼう）

——迷いも悟りも超越した時、
そこには絶対の真理がある

自分が居るべき場所に牛を連れ帰った童子は、しかしもうそのことすら忘れている。それどころか、自分自身が何者なのかにも心が及ばないようになっている。たどり着いた先、そこは無の世界であった。

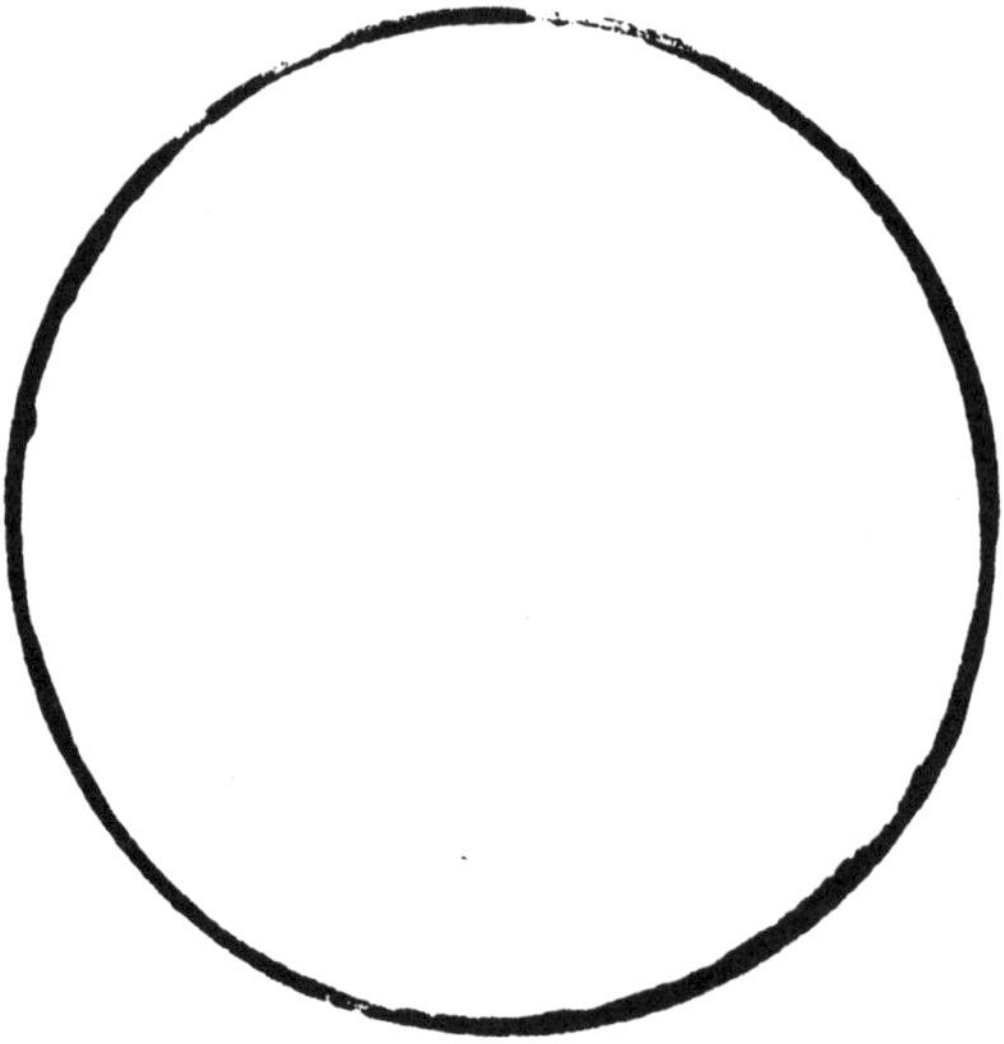

「十牛図」最大の謎

空白の意味するところ

松重 ついに八です。「十牛図」の最大の謎までやってきました。

枡野 この八の「人牛俱忘」の絵には、何も描かれていませんね。具体的な何かではなく、ある種の空間を表しているようにも見えます。禅的に解釈すると、牛も人も忘れ去られ、迷いも悟りも超越した時に、絶対的「空《くう》」が現れると考えます。「空」とはすなわち「無」の状態を示しているのです。

松重 俳優である僕にとって「自分を忘れる」という感覚は分からなくもないのです。とくにここ10年ほど、さまざまな役柄を演じてきていると、「あなたは誰?」と聞かれても、分からないのです。「あなたはすごく短気な人?」それとも「気が長い人?」と問われても分からない(笑)。ただそれが「無」というわけではないですよね。

枡野 この十牛図そのものは、丸のなかに描かれているのをお気づきでしょうか。この丸は「円相《えんそう》」です。円相は禅における書画のひとつですが、一筆で書くことから「一円相」とも言います。禅では、この円相は「悟り」「真理」「仏性」「大宇宙全体」を表すと言いますが、その解釈は見る人に委ねられています。一方で、「とらわれのない心」「執着から解放された心」を表しているとも言います。要は、禅では言葉や形にならないものをこの円相に心を込めて表現します。ここで使用されている円相の「相」という字は、俗に言う「人相」などと表現する時に使う容姿や容貌などの目に見えるものを表しているのではなく、「家相」という時の表現と同様に、目に見えない内面を象徴するものとして使われています。

次に「空」ですが、禅的に解釈すると、「諸行無常《しょぎょうむじょう》」「諸法無我」を表す言葉がこの「空」に当たります。この世の森羅万象はすべて一時も留まることなく移ろいでいます。人は自分が移ろいでいく存在であることを、なかなか実感できません。しかし自然はそれをまざまざと感じさせてくれています。これが「諸行無常」です。また、この世のものはすべて単独で成り立っているものはなく、すべて関係性のうえに成り立っていますが、これを表した言葉が「諸法無我」です。この両者をまとめて「空」と言います。

松重　執着のない、持たざる状態ですね。

枡野　そうですね。しかし、私たちは今持っているもの、身についたもの、それらをなんでも手放したくない、と思ってしまいがちですね。そして自分ひとりの力で生きている、と思いがちです。それが「執着」であり「自我」です。禅は、これを「超えていこう」と言います。それが「無」です。ここで言う「無」は、「ない」ではなく、それを「超えていく」ということを表現しています。

これらを身体で感じ取っていける年齢は、会社で定年を迎える頃になるでしょう。60歳から65歳くらいでしょうか。これまで積み上げてきた会社での実績や肩書、人間関係も定年とともに消えていきます。この時期は、これら周囲の環境の変化をすべて受け入れ、それを超えていくことです。

松重 まさに僕のこれからの年齢域ですね。先ほどの七「忘牛存人」の段階で、少しお話ししましたが、僕は演じる際、できるだけ「無」を目指したいと思っています。けれども複数の人間が交わる現場である以上、完璧な「空」、つまり執着も自我もない状態にみんなでいけることはなかなか難しいんですよね。

枡野 ええ、すべて関係性のうえに成り立つ「諸法無我」である以上、とても難しいことだと思います。

松重 でも、枡野先生との対話を通じて、これから先の人生で僕がやりたいのは、その「空」という場、つまり空間を、芝居の現場や作品のなかでつくっていくことなんだとはっきり見えてきたように思います。それが、僕個人の今後の使命というか、やるべき方向なんじゃないかと。きっと僕は、八のような白い円をつくりたいんですね。

枡野 できますよ、松重さんなら、必ずおできになると思います。
松重 枡野先生、先生からご覧になって、八の段階まで到達されている方っておられるのでしょうか？
枡野 いや、なかなかいらっしゃらないですね。
松重 やはりそうなんですね。そしてさらに先にふたつもあるわけか……。
枡野 最後の九と十は、はるか遠くの目指す地点に見えるかもしれません。ですけれども「十牛図」に描かれているということは、何かしらの意味があるということです。
松重 八、九、十までは僕らは到達できないかもしれない。けれどもそういう世界があるということ、そしてそこを目指して生きるということが大切ということなのかも……。
枡野 そうそう、それです！　松重さんが先ほどからおっしゃられていた生きる指針となるものです。では最後の九と十に参りましょうか。

九 返本還源

（へんぽんげんげん）

――自然は美しくも厳しいが、それをも問題としない

童子の姿も牛の姿も消え、ただ自然の風景だけが描かれている。季節が移り変わり、刻々と自然は変化していく。その変化のなかにこそ、不変の真理というものが表されている。

大きな力に「生かされている」

真理は自然のなかにある

枡野 何も描かれていない八の「人牛倶忘」を経て現れたのは、自然の風景です。

松重 童子の姿は消えたままですね。しかし、ここで自然が出てくるとは、つくづく「十牛図」は魅力的なストーリーだなぁ。

枡野 この九の「返本還源」を禅的に解釈すると、すべての真理は、森羅万象の自然のなかに存在しているということです。「返本還源」の意味は、「もともとの姿に戻って、再び始まりに還る」ということ。悟りに向かって歩き始めた時、つまり一の「尋牛」の段階では、何も成し得ておらず、ひたすら牛を捕まえようとしていた。

松重 童子の旅を思い返してみると、なんだかだいぶ遠いところまでやってきたように思えます。

枡野 童子は懸命に修行を重ね、牛を捕まえ、そして飼いならしてきました。このあたりでは童子はまだ、一生懸命「自分が」己の修行を積んでいるんだという意識でした。

松重 童子、頑張っていました（笑）。

枡野 そうです。頑張っていましたよね。その頑張りが報われて牛を飼いならすことができた。そしてそのとたん、牛の姿は消えてなくなる。やがて、自分も消えていった。

松重 自我を乗り越え、童子は悟りに至った。

枡野 はい、ここまでの流れが八でしたが、この九の段階になると「自分が生きている」のではなく「大自然に生かされている」ことに気づくのだと思います。そして、再び何も持っていなかった自分の姿に出会うのです。

心臓は自分では止められない

枡野 ところで松重さん、役者さんならば、自分で自分の心臓を止めることってできますか？

松重 えっ⁉ いくらなんでも……。

枡野 そうですよね。私たちは自分で自分の心臓を止めることも、止まってしまった心臓を再び動かすこともできません。便利なツールが開発され、いくらテクノロジーが発展しても、人間ができることには限界があります。私たちが生きていられるのは、自分で心臓を動かしているからではなく、自身を超えた何か大きな力が心臓を、ひいては私たちを動かしてくれているからです。だからこうして呼吸をして、話もできている。ところが「十牛図」の最初のほうの段階では、ひどく当たり前のこうしたことに気づいていない。自分たちの力で生きていると思っています。しかし、この九の段階になると、大きな力によって「生かされている」と気づく。その大きな力こそが、ここに描かれている自然ということになるのでしょう。

松重 なるほどなぁ。少し話がそれるかもしれませんが、たとえばスクリーンに山が映っているとする。俳優であるひとりの男がそこに立っている。その時、その男が何を「演じる」かではなくて、その自然の一部になることが大事なんじゃないかと思うようになりました。何をするでもなく、でもそこにちゃんと「居る」ことができるかどうか。そんな俳優になれればいいと、そんなふうに最近よく考えます。

枡野 おっしゃるとおりだと思います。若いうちは、私のためにこの自然があるととらえがちですよね。そうではなくて、この自然に私が加わること、いや加えさせていただくことによって、お互いがより輝けるといい。そんなふうに考えられたら、自我を捨てることは自分のアイデンティティを失うことではないと安心できるかもしれません。そしてこの九の意味もより深く分かってくると思うのです。

松重 最後までやはり自我が問題となりますね。

枡野 ええ、八で「無」の意味を知ったにもかかわらず、続きがあるということは、自我を手放すこと、執着から逃れることがいかに難しいかを物語っているのだと思います。

松重 そして「十牛図」はスパルタだということも分かりました（笑）。

枡野 そうそう、それでは日々修行を重ねている禅僧が住する禅寺になぜ庭があるかをご説明するといいかもしれません。

計らいごとを超えた「禅の庭」

なんでも分かりやすくしない

枡野 自然には、人間の計らいごとを超えたものがあります。たとえば、雨が降ればセミは鳴くのをやめてしまう。逆に雨がやめばセミは鳴き、鳥も啼《な》く。それは人間が望んでも叶うことではありません。セミに鳴いてほしい、鳴きやんでほしいといっても無理ですよね。

松重 確かに、人間の好きにはなりません。

枡野 これは、ずっと昔から自然の摂理のなかで行われていることです。そして100年後も変わることがない。

松重 時代を経ても変わらない、それが「真理」というものでした。

枡野 そのとおりです。自然というものは、我々にそうした人間の計らいごとを超えたもの、つまりこの世の真理を映し出して教えてくれています。そしてそれを忘れないようにするには、我々は自然のなかに庵《いおり》を結んで住むのがいちばんでしょう。

松重 そうですね、でもそれができない人も多い。

枡野 鎌倉時代以降の僧侶たちもそうでした。とくに京都などではお寺も増えて大規模になり、そこに暮らす僧侶の数も多くなっていきます。現代の我々と同じように、みんなが自然のなかに暮らすことは難しくなりました。そこで寺院に庭をつくって、真理と対峙していこうとしたのが「禅の庭」の始まりなのです。

松重 なるほど、「禅の庭」は真理を映し出す自然の代わりだった。

枡野 そうです。つくる側の心のありようが重要になるのもそのためです。責任重大ですからね。また、これは日本の芸術特有の面白さだと思うのですが、見る側の力量も問うのです。

松重 龍安寺の石庭のように。

枡野 はい、日本の芸術は作品を鑑賞した人が、その作品を通して自分で何かをつかみとったり、気づいたりすることが求められる。分かりやすくすべてを説明してくれていないわけです。

引き算の発想で

松重 まさにそれです！ 僕が説明過多な作品に苦手意識があるのは、それなのかもしれません。押しつけたくないんです。作品をご覧いただいた方々それぞれが、そこに何を見て、何を持って帰っていただくかはその時のお客さんたちが置かれた状況による。演じる側がいろいろと足し算をして、情報量だけを多くしていくことで、お客さんに持って帰っていただくものを勝手に規定してしまうような気がしているんです。

能もそうですが、日本の芸術鑑賞には目に見えていないものも読み取る行為がついてきますよね。最低限のことだけを提示して、お客さんの好きに感じてもらう。昨日見たのと、今日見たので違う気づきがあったらそれは成長であると、僕は、枡野先生、そして「禅の庭」に教えてもらいました。そういうものをつくりたい、それが僕の究極の目標だと思っています。

だから実は今、セリフが一切ない短編企画をひそかに進めているところです。60歳という年を節目に、これからどこまでできるか。ひとつの新たな挑戦です。

枡野 まるで松重さんはどんどん世阿弥みたいになってきていますねぇ。庭にしても演劇作品にしても、つくる側の心が清らかでなくてはなりません。再三申し上げているように、そこに汚れがあるとどうしても作品に出てきてしまいますからね。そうした作品と、清らかな心持ちのつくり手による削ぎ落とされた作品に対峙するのとでは、見る者の感じ方が確実に違います。松重さんが目指しておられるセリフのない短編は現代の能になるかもしれませんよ。

松重 そこにいきたいんです。分かりやすい起承転結ではなく、序破急《じょはきゅう》の流れで20分くらいでも十分に物語は見せられると思っているんです。そういった精神性は日本人の宝だと思いますし、世界のゆがみをクリアに解決する方法にもなるんじゃないかと思えるくらいです。せっかく日本人が持っている財産ですから、もっと自覚すべきだし、世界に発信していくことも責任のひとつじゃないかと。

それに言葉がなければ、国籍も超えられると思うんですよ。

枡野 禅や能といった美意識は、日本人のものすごい武器です。そして国を越えられる力も確実に持っていますね。思い出しましたが、ビジネス界の集まりでよく「禅はビジネスに生かせるんですか」と聞かれることがあります。たとえば、アップルを創業したスティーブ・ジョブズは曹洞宗の僧侶についていました。

松重 僕もアップル信者ですが、アップルの製品などに込められた禅の哲学、精神性は感じるし、そこにはやっぱり悔しさもあります。

枡野 なぜ日本でなくて、ジョブズがアメリカでそれを先にやらなければならなかったのかと。

松重 そうなんですよ！

枡野 ジョブズが禅の考え方を経営に取り入れた大きなポイントがあります。ひとつは、多くのメーカーでは必ず行う市場調査を一度もしていないことです。自分が欲しいものはみんなが絶対に欲しいと思うはずだ。だから、市場調査など必要ないと。

松重 自分がいちばん欲しいと思うものに突き進んでいったわけですね。

枡野 スタンフォード大学の卒業式でのスピーチに非常に有名になった一節がありますね。「毎朝鏡を見て自分に問いかけてきました。もし今日が人生における最後の日になるとしたら、私がしようとしていることを、やりたいと思えるだろうか」。つまり、自分が本当にやりたいことと、今やっていることとはイコールでなくてはいけない。それを本来の自己に自問自答する——。これは、まさに禅の考えです。

松重　製品にもその精神性が表れています。

枡野　まさに。それがもうひとつのポイントです。製品の形と素材にこだわって、無駄なものはボタンだって徹底的に削ぎ落とした。削いで、削いで、残った素材には徹底的にこだわる。これは完全に禅の発想ですね。

松重　どうして日本の起業家が、ここまでヒントが身近にあるのにそれを活かせていないのか……。

雲水修行で100円の重みを知る

枡野　会社経営に活かして日本で成功した方ももちろんいらっしゃいます。名経営者として名高い、京セラの稲盛和夫《いなもりかずお》さん（2022年8月逝去）はもっとも有名ですね。彼は60歳を過ぎて出家の計画を立てていました。しかし、たまたま胃がんが見つかって、一度得度《とくど》式を延期します。それでも手術の3カ月後には円福寺《えんぷくじ》というお寺で得度して「大和《だいわ》」という僧名もいただいています。その後、体力の回復を待って修行もしています。

松重 托鉢《たくはつ》もされたとか。
枡野 ええ、托鉢をしている時、稲盛さんが立派なスーツを着ている人の前を通ったら、ふっと顔をそらされたんだそうです。笠をかぶっているから稲盛さんの顔が、その人には見えなかったんですね。世の中、こんなもんだなと思ったそうです。
松重 そこで「稲盛和夫だ」と名乗っていたら、状況は一変していたことでしょう（笑）。
枡野 ところが、そのあと公園を歩いていたら掃除をしていた年配の女性が「ちょっと待って、待って」と100円くれたそうです。それは、経営者としての彼がそれまで動かしていたお金とは比べものにならない額です。ただ、その重みは違ったことでしょう。しかし、結局、師匠である西片猊下《にしかたげいか》から、「禅僧になるよりも、社会に戻ってやれることをやりなさい」と言われて、稲盛さんは在家の道を選びました。
松重 社会でまだ彼が為すべきことが残っていたのですね、きっと。
枡野 それは、次の十「入鄽垂手」に進めばよくお分かりになりますよ。
松重 では、最後の1枚に参りましょう。

十

入鄽垂手

（にってんすいしゅ）

――真のあるべき姿で、悟りを人々のために役立てる

僧侶の衣をまとい、布袋和尚の姿となった童子。その穏やかで優しい姿のまま、人々が住んでいる街なか―市井―に出ていく。

石がぽーんと飛んで、カーンと音がして…

真理が見えたら、人にシェアする

枡野 いよいよ10枚目の絵に到達しました。

松重 また人物が現れました。でも今までの童子じゃないですね。

枡野 ええ、童子は僧侶の衣を身にまとい、布袋《ほてい》和尚の姿となり、街に出てきて人々と交流しています。なんとも穏やかで優しい姿です。

松重 この「入鄽垂手」とはどういう意味なのですか？

枡野 「鄽」というのが「人々が住んでいる街なか」を意味する言葉。つまりは「市井」ですね。そして、「垂手」とは、「人々に教えを説き、導くこと。悩める人に救いの手を差し伸べること」を意味しています。

悟りを開いて真理が見えた時、それを自分のものだけにしておくのではなく、多くの人々に伝え、そして導いていくこと。それを仏教では「菩薩行《ぼさつぎょう》」と呼びます。

松重 そのお話を聞いて、思い出したことがあります。朝ドラ『カムカムエヴリバディ』

で僕が演じた伴虚無蔵のセリフです。彼は、若い後輩にこんなことをいうのです。

「宝は分かち与えるごとに輝きを増すと心得よ」

まさにこういうことですよね。

枡野 すごいですね、虚無蔵さん。彼は十に到達しているんですよ、きっと。

ここまで到達した者がいちばん心がけるべきことは、若者たちに手を差し伸べることです。自分が蓄えてきた知識を出し惜しみすることなく、後輩たちの望むがままに伝えてあげる。そのために、童子は布袋さんの姿になって、街におりてきたのです。

松重 悟りを開いたら、仙人のように人里離れた山にこもるのかと思いきや、なんと、なんと。

枡野 しかも、布袋さんの手には酒の入った瓢簞《ひょうたん》が描かれている。なんとも楽しそうに、偉ぶらず、人々に接しています。教えるのではなく、同じ目線にたって伝える姿ですね。この瓢簞は、そんな布袋さんの優しさを表しているのではないかと、私は解釈しています。これができてこその十の「入鄽垂手」、「十牛図」のゴールです。いいですよね、とてもいい物語だと思います。

ゴールの情景を知っていることが大事

松重 この域に到達できないとしても、ゴールの情景を知っていること、ここを目指して生きていきたいなぁとつくづく思いますね。

でも、俗世に生きていて、ここまでたどり着く方っておられるのでしょうか。

枡野 歴史上はいらっしゃいますよ。たとえば、良寛さんなんて、まさに十ですよね。すべて悟り切ったのち、村の子どもと一緒に遊んだり、その日に食べるものだけ村人からいただいて五合庵で質素に暮らしていました。

松重 いいですねぇ。修行というと厳しいものだし、悟りを開くなんてほど遠い気がしてしまうけれど、この円のなかに描かれている絵を見せてくれていることだけでも、とてつもなく深い意味がある気がしてきます。

僕は八の「人牛倶忘」までいき着かず、六や七で自分の人生が終わってしまったとしても、その先に続く未来の子どもたちが生き続けて、いつか彼らがこの絵の風景のなかの人になってくれたら、それでいいとさえ思えます。それほど希望を与えてくれる絵であり、童子の旅のゴールですね。

枡野 松重さんは、なんだかご自分は悟りに達することはないと思っていらっしゃるようですね。そんな松重さんには「頓悟《とんご》」の話をぜひ聞いていただきたい。

松重 頓悟？

枡野 悟りというのは、コツコツと厳しい修行を積んで、そしてようやく到達するものとお思いでしょう？

松重 はい、もちろんです。

枡野 そのとおりではあるのですが、違う言い方もできるんですね、これが。たとえば「十牛図」で言えば、一から着実に歩を進めてきて、六、七ときて、八で悟りがズドンとくる。

松重 えっ？

枡野 つまり「うあああ！　そうか!!!」って、ズドーーーンと来るっていう感じなのです。

松重 ええっ!!

枡野 それを「頓悟」と言うのですが、まぁそれが、なかなか来ないんですよ。つまり悟るということは――とかなんとか頭で考えているあいだはたぶん、来ないんです。「頓悟」にまつわる面白い話はたくさん伝えられています。

たとえば、香厳智閑《きょうげんちかん》という禅師は、最後の悟りが開けないでいました。彼はとても頭の良い人だったのですが、もうそれまで学んできた書物を全部焼き捨てて、自分の尊敬する

方のお墓の掃除をするようになったのです。毎日毎日掃除をしていたら、ある日、ふと掃いたほうきに当たった石がぽーんと飛んで、それが竹に当たってカーンと音がしたそうです。すると、その音を聞いて、「ああっ！ これは！」と言い、師のところへ走っていったら、師が「おまえ大悟したな」って言ったという話が伝えられています。これは「香厳《きょうげん》撃竹《げきちく》」という禅語になっています。

松重 面白すぎる！

枡野 これには続きがあってですね。ズドーンときた時にお師匠さんのところに行って、殴ったっていうんですよ。そうしたら、お師匠さんは「あっはっはっはー」と笑って、「やっとそこに来たか」と言って殴り返したっていうんです。お互いそういう状態を「やっと分かったね」と身体で表現しているんですね。

また、京都の西芳寺をはじめ、すばらしい「禅の庭」のつくり手だった禅僧・夢窓国師《むそうこくし》は、夜、囲炉裏《いろり》で火を焚いていた時、段を踏み外して転んで壁に頭をぶつけてしまった。その時に、パーンと開けたと書いてあります。

松重 僕も頭をぶつけてみようかと思うようなエピソードの数々ですねぇ。実に愉快です。このお話を聞いて思ったのは、悟りを得るための絶対的な方法論というのはないということです。

枡野 そうなんですよ。みんなそれぞれ違うのだと思います。きっとその時が来たら、分かるのでしょうね。

即今、当処、自己

松重 結局、目の前のことを一生懸命やって積み重ねていくしかないということか。

枡野 「即今《そっこん》、当処《とうしょ》、自己《じこ》」です。「今、ここで、私が、生きる」という意味です。実にシンプルです。今ここで、やるべきことをやるということ。もう、それを積み重ねていくしかないのですよ。世の中の真理というのは、「あるべきものが、あるべきところに、あるべきように、ある」ということです。ですから、それにのっとった生き方をすればいいわけなんです。

松重 非常に簡単なことのように思えるけれど、ひじょ〜に難しい。はぁ、やっぱり、足元なんだなぁ。

枡野 そう、ですから、「脚下照顧《きゃっかしょうこ》」——履き物を揃えるということです。履き物が曲がっていたら気持ちが悪いと思わないといけない。それは自分の心がゆがんでいるからです。玄関で靴をぽっと脱いで上がってしまうのは、「心ここにあらず」の状態になっているの

です。それを直せるような心になっていないといけないと言っているわけですね。その場、その場に心を尽くす。これは、最初のほうで「すべてのものに丁寧に心を込めて」とお話ししたことです。

松重 最初に戻りましたねぇ。

枡野 最後にお釈迦様の弟子の周利槃特《しゅりはんどく》のお話をして終わりにしましょう。周利槃特は何を教わっても覚えが悪くて、周りからお荷物扱いをされていました。お兄さんはとても出来がよかったのに、周利槃特は全然ダメ。「迷惑ばかりかけるから、おまえは早く修行からはずれろ」などと、みんなからいじめられています。それを見たお釈迦様は、周利槃特にほかのことは一切やらなくていいから、みんなの靴を磨けと命じました。周利槃特は「靴を磨くことは心を磨くことだ」と自分に言い聞かせ、それを守ってずっとみんなの靴を磨いていたら、誰よりも早く悟りを開いたという話があります。ですから、覚えがいいとか悪いとか、優秀だとか優秀じゃないとかが問題ではない。心とひとつになって何かをやった時に、大悟が開けるのですね。

松重 いやぁ、素晴らしい話ですね。靴を磨けと言われて、ずっと磨いてるうちに、きっとさまざまなことに気づき始めたんでしょうね。履いている人の癖だとか、やがては人というものも理解していったんだろうと思います。

あぁ、僕も「靴を磨け」と言ってくれるお釈迦様がほしい（笑）。まずは、家に帰って、靴を揃え、靴を磨くことにいたします。

おわりに

清々しい気持ちで、松重豊さんとの対談を終えることができました。この度、素晴らしいご因縁を結ぶことができ、これまで以上に松重さんとのご縁が深まりました。

今回、松重さんから「十牛図」をテーマにして対談を、とお話をいただき、なぜ、「十牛図」をテーマにされたのであろうと、一瞬考えましたが、対談を進めていくうちに、その答えが明らかになりました。松重さんは役者としての仕事、さらには、自らの生き方の模索をし始めた時に、龍安寺の石庭との出会いがあり、その石庭の空間から大いに感ずるものがあって、一気に禅への関心が深まっていったとのことでした。それがやがて禅を自らの生き方、仕事の拠りどころにし、今後、この「禅」を生活にどのように活かしていけばよいか、と悩んでいたこともお話しを下さり、大変興味深い対談となりました。

心静かに自らの生き方を見つめ、その生き方を極めていこうとする「禅」は、大いに現代社会に暮らす人々の拠りどころになれるものです。「禅」は決して禅僧だけのものではありません。多くの人々に大きな示唆を与えてくれるものです。

この禅の修行を深めていく道筋を表した絵解き図が「十牛図」です。この「十牛図」は、禅の修行を通して童子が、牛にたとえた「本来の自己」に出会い、その境地を深めていく段階を10枚の絵にしたものです。松重さんは、この「十牛図」の存在に気づき、大いなる興味を抱いたのです。今回の対談は、この「十牛図」について私の解釈と、それにまつわる話を展開した現代的禅問答でもあります。

今回の対談は単なる対談ではなく、対談そのものが、濃密な時間であり、お互いの魂と魂が行きかうものでありました。その内容をまとめたのが本書です。従いまして、本書は、自らの生き方を極めていこうとする方、禅的生き方を目指す方、自らの仕事に禅の考え方を活かしたいと考える方々にとって、大いに拠りどころになる内容ではないかと思っています。本書が、禅の考え方や、生き方を知り、修得を目指す読者の皆さまの愛読書となることができれば、私たち二人にとりましてこの上のない喜びであります。

合　掌

令和4年12月吉日

建功寺方丈にて　　　建功寺住職　枡野俊明

枡野俊明（ますの・しゅんみょう）
曹洞宗徳雄山建功寺住職、庭園デザイナー、多摩美術大学環境デザイン学科教授
1953年、神奈川県生まれ。玉川大学農学部卒業後、大本山總持寺にて修行。「禅の庭」の創作活動により、国内外で高い評価を得る。芸術選奨文部大臣新人賞を庭園デザイナーとして初受賞。外務大臣表彰、カナダ総督褒章、ドイツ連邦共和国功労勲章功労十字小綬章など、受賞・受章多数。2006年には、『ニューズウィーク』日本版にて、「世界が尊敬する日本人100人」に選出される。著書に『禅の庭』シリーズ（毎日新聞出版）ほか多数。

松重豊（まつしげ・ゆたか）
俳優
1963年生まれ。福岡県出身。明治大学文学部在学中より芝居を始め、1986年、大学卒業とともに蜷川幸雄主宰のGEKI-SHA NINAGAWA STUDIOに入団。2007年に映画「しゃべれども しゃべれども」で第62回毎日映画コンクール男優助演賞を受賞。2012年「孤独のグルメ」でドラマ初主演。2019年「ヒキタさん！ ご懐妊ですよ」で映画初主演。2023年NKH大河ドラマ「どうする家康」に出演。「深夜の音楽食堂」（FMヨコハマ）で、パーソナリティも務める。2020年には、小説・エッセイをまとめた『空洞のなかみ』（毎日新聞出版）を上梓。

あなたの牛《うし》を追《お》いなさい

第1刷 2023年1月20日
第2刷 2023年2月15日

著者 枡野《ますの》俊明《しゅんみょう》
松重《まつしげ》豊《ゆたか》

発行人 小島明日奈
発行所 毎日新聞出版
〒102-0074
東京都千代田区九段南1-6-17 千代田会館5階
営業本部 03（6265）6941
図書第一編集部 03（6265）6745

印刷・製本 大日本印刷

ISBN978-4-620-32763-1